(唐)釋道宣 撰

宋思溪藏本廣弘明集

第一二册

國家圖書館出版社

第十二册目録

廣弘明集 才二十九

四百七十八 聚九

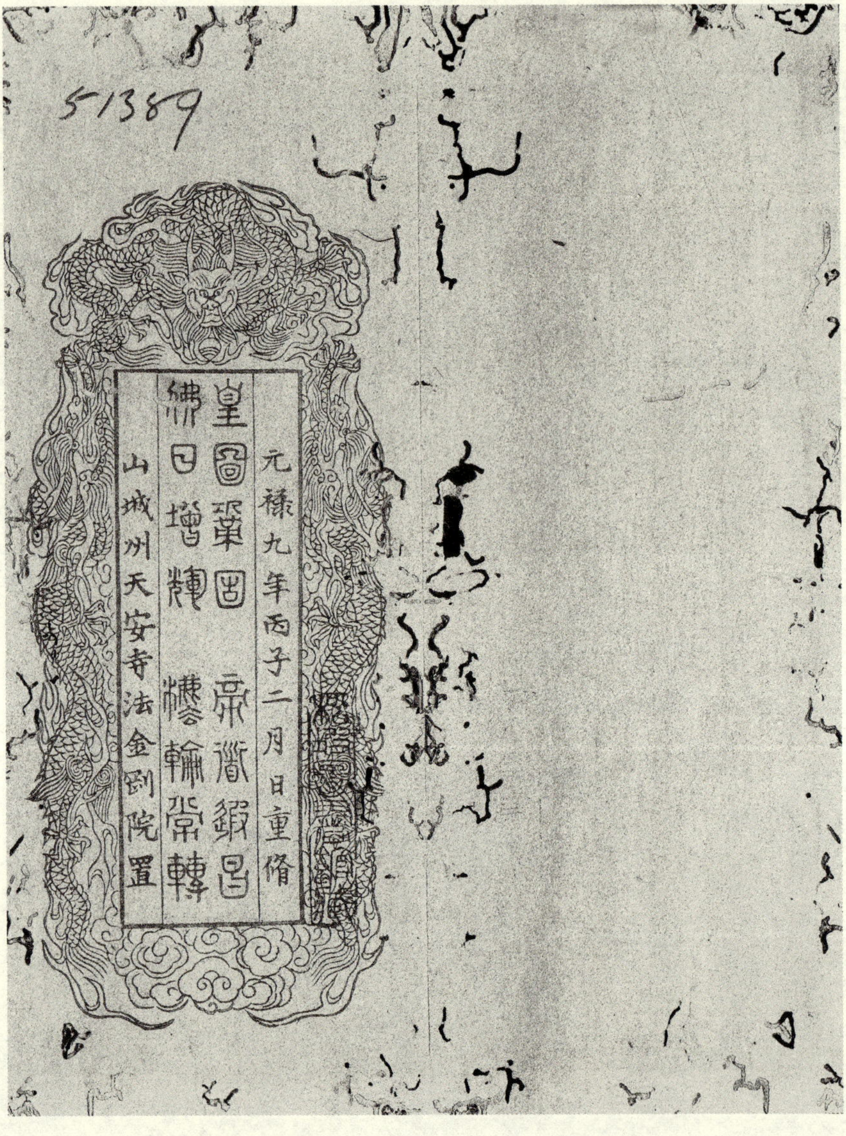

元祿九年丙子二月日重脩

皇圖鞏固　帝道遐昌

佛日增輝　法輪常轉

山城州天安寺法金剛院置

廣弘明集卷第二十九　聚

大唐西明寺釋　道宣撰

統歸篇序

廣弘明者言其弘護法網開明於有識也自上九篇隨時布現籌度理路其緣頗悉然於志之所之未備詳覩如不陳列頌聲何寄故次編之搬鑒遐迩虽法王御寓歌頌厥初梵王天主聲聞菩薩咸資偈讚用暢幽誠無經不有彰于視聽東夏王臣斯途不惑擬倫帝德國美無不稱焉所以寫逸性情統歸揔亂在于斯矣然晉宋已來諸集數百餘家信重佛門俱陳聲略至於捃捨百無一存且列數

梁仙城釋慧命詳玄賦
梁蕭子雲玄圃苑講賦
釋眞觀夢賦
梁江淹傷弱子賦　無爲論
伐魔詔并書檄文　并魔荅
奏平心露布　唐蒲州普救寺沙門行友

淨業賦　并序　梁武帝

少愛山水有懷丘壑身羈俗羅不獲遂志対獨往之行乖任縱之心因尒登庸以從王事屬時多故世路屯蹇有事戎旅略無寧歲上政昏虐下豎姦亂君子道消小人道長御刀應勑梅虫兒茹法珍俞靈韻豐勇之如是等

多輩誌公所謂亂戴頭者也誌公者是沙門寶誌形服不定示見無方于時群小疑其神異乃羈之華林外閣公亦怒而言曰亂戴頭亂戴頭各執權軸人出號令威福自由生殺在口忠良被屠馘之害功臣受無辜之誅服色齊同分頭各驅皆稱帝王人云尊極用其詭詐疑亂衆心出入盤遊無忘昏曉屏除京邑不脫日夜屬纊者絶氣道傍子不遑哭臨月者行産路側母不及抱百姓懍懍如崩厥角長沙宣武王有大功於國禮報無報酷害奄及至於弟姪亦羅其禍遂復遣桓神與杜伯符等六七輕使以至雍州就諸軍師欲見

謀害衆心不與故事無成後遣劉山陽灼然
見取壯士貔虎器甲精銳君親無校便欲束
身待戮此之横暴出自群小畏壓溺三不弔
況復姦竪乎若默然就死爲天下笑俄而山
陽至荆州爲蕭穎冑所執即遣馬驛傳道至
雍州乃赫然大号建牙竪旗四方同心如響應
聲以齊永元二年正月發自襄陽義勇如雲
舳艫翳漢竟陵太守曹宗馬軍主殷昌等各
領騎步夾岸迎候波浪逆流亦四十里至朕
所乘舫乃止有雙白魚跳入艒前義等孟津
事符冥應雲動天行雷震風馳郢城剋定江
州降欵姑熟甲冑望風退散新亭李居士稽

首歸降獨夫既除蒼生穌息便欲歸志園
林任情草澤下適民心上畏天命事不獲已
遂膺大寶如臨深淵如履薄冰猶欲避位以
俟能者若其遜讓必復魚潰非直身死名辱
亦負累幽顯乃作賦曰日夜常思惟循環亦
已窮終之或得離離之必不終負扆臨朝冕
旒四海昧旦乾乾夕惕若厲朽索御六馬方
此非譬世論者以朕方之湯武然朕不得以
比湯武湯武亦不得以比朕湯武是聖人朕
是凡人此不得以比湯武但湯武君臣義未
絕而有南巢白旗之事朕君臣義已絕然後
掃定獨夫為天下除患以是二塗故不得相

比朕布衣之時唯知礼義不知信向烹宰衆
生以接賓客隨物肉食不識菜味及至南面
富有天下遠方珍羞貢獻相継海内異食莫
不必至方丈滿前百味盈俎乃方食輟筋對
安流泣恨不得以及温清朝夕供養何心獨
耳此膳因令蔬食不敢魚肉雖俏肉行不使
外知至於礼宴群臣饌膳猶常菜食味習体
過黄羸朝中班班始有知者謝朏孔奐顗等
屢勸解素乃是忠至未達朕心朕又自念有
天下本非宿志杜懲有云刳心擲地數片肉
耳所賴明達君子亮其本心誰知我不貪天
下唯當行人所不能行者令天下有以知我

心復斷房室不與嬪侍同屋而處四十餘年
矣于時四体小惡问上肴師劉澄之姚菩提
疾候所以劉澄之云澄之知是飲食過所致
菩劉澄之云我是布衣耳肥恣口劉澄之云
官昔日食那得及今日食姚菩提含笑搖頭
云唯菩提知官房室過多所以致尒于時久不
不食魚肉亦斷房室以其智非和緩術無扁華
默然不言不復詰問猶令為治劉澄之處酒
姚菩提處丸服之病逾增甚以其無所知故
不復服因尒有疾常自為方不服醫藥亦四
十餘年矣夲非精進既不食衆生無復殺害
障既不御內無復欲惡障除此二障意識稍

明内外經書讀便解悟從是已來始知歸向
禮云人生而靜天之性也感物而動性之欲
也有動則心垢有靜則心淨外動既止内心
亦明始自覺悟患累無所由生也乃作淨業
賦云尒　觀人生之天性抱妙氣而清靜感外
物以動欲心攀緣而成眚過恒發於外塵累
必由於前境若空谷之應聲似遊形之有影
懷貪心而不厭縱内意而自騁目隨色而變
易眼逐貌而轉移觀五色之玄黃翫七寶之
陸離著華麗之窈窕耽冶容之逶迤在寢興
而不捨亦日夜而忘疲如英媒之在摘若駿
馬之帶羈類白日之麗天乃歷年之不虧觀

耳識之愛聲亦如飛鳥之歸林既流連於絲竹亦繁會於五音經昏明而不絕歷四時而相尋或亂情而或慮亦惱耳而壅心至如香氣馞起觸鼻發識晼晚追隨氤氳無極蘭麝夾飛如鳥二翼若渴飲毒如寒披棘舌之嗜味衆塵無有大苦醎酸莫不甘口噉食衆生虐及飛走唯日不足長夜飲酒悖亂明行困處幽各身之受觸以自安怡美目清陽巧笑蛾眉細腰纖手弱骨豐肌附身芳潔觸體如脂狂心迷惑倒想自欺至如意識攀緣亂念無邊靡懷善想皆起惡筌如是六塵同障善道方紫奪朱如風靡草抱惑而生與之偕老

隨逐無明莫非煩惱輪迴火宅沉溺苦海長
夜執固終不能改迍禿相隨災異互起內懷
邪信外縱淫祀排虛枉命蹠實橫死妄生神
祐以招福祉前輪折軸後車覆軌殃國禍家
亡身絕祀初不內訟責躬反已皇天無親唯
與善人外清眼境內淨心塵不染不取不愛
不嗔如玉有潤如竹有筠如芙蓉之在池若
芳蘭之生春淤泥不能汙其體重昏不能覆
其眞霧露集而珠流光風動而生芬爲善多
而歲積明行動而日新常與德而相隨恒與
道而爲鄰見淨業之愛果以不殺而爲因離
欲惡而自修故無障於精神患累已除障礙

亦淨如久澄水如新磨鏡外照多像內見衆
病既除客塵反還自性三途長乖八難永滅
止善既修行善無鈌清淨一道無有異轍唯
有哲人乃能披襟如石投水莫逆於心心清
冷其若冰志皎潔其如雪在欲絕其既除懷
憂畏其亦滅與恩愛而長違顧生死而永別
覽當今之逸少想後來之英童懷荆玉而未
剖藏神器而存躬修聖行其不已信善積而
無窮永劫揚其美名萬代流於清風豈伏強
而稱勇乃道勝而爲雄

孝思賦　梁高祖 太常卿劉之遴注文多不載

想緣情生情緣想起物類相感故其然也每

讀孝子傳未嘗不終軸輟書悲恨拊心嗚咽年未髫齓内失所恃餘喘竛竮姊嫗相長齒過弱冠外失所怙限職荆蠻致闕晨昏江途遼夐家無指信舅歸行路先君體有不安書則輟食夜則廢寢方寸煩亂容身無所便投刺解職以遵歸路于時齊隋郡王子隆鎮撫陝西頻煩信命令停一夕明當早出江津送別心慮迫切不獲承命止得小船望星就路夜冒風浪不遑寧處途次定陵船又損壞于時門賓周仲連爲鷁頭式主借得一舸奔波兼行屢經危險僅而獲濟及至戾止已無逮及五内屠裂肝心破碎便欲歸身山下畢志

墳陵長兄哀慼未許獨行續有此間狹虜寇
邊朝廷以先君遺愛結民咸思在昔故舊部
曲猶有數千武慶宗將領留防彼鎮時便有
旨使扞壽春王事靡盬辭不獲免刺史崔慧
景志懷翻覆遠招逋逃多聚姦俠大猾凶醜
莫不雲集至如彭盆韓元孫等不可稱數倍
道電邁奄至淮淝凶徒疑駭相引離散臺軍
主徐玄慶房伯玉等欲襲取慧景乃固禁之
方得止息是歲齊明作相疑論未使密馳表
跡勸徵慧景折簡而召必不違拒即重遣還
以安其心姦渠既出緣邊無虞旬朔之間慧景
反鎮即便解甲以歸京師因尒驅馳不獲傳

息數鍾百六時會雲雷撥亂反正遂膺四海念子路見於孔丘曰由事二親之時常食藜藿之食爲親負米百里之外親没之後南遊於楚從車百乘積粟萬鍾累茵而坐列鼎而食願食藜藿之食爲親負米不可復得每感斯言雖存若亡父母之恩云何可報慈如河海孝若涓塵今日爲天下主而不及供養譬猶荒年而有七寶飢不可食寒不可衣永慕長號何解悲思乃於鍾山下建大愛敬寺於青溪側造大智度寺以表罔極之情達追遠之心不能遣蓼莪之哀復於宫内起至敬殿竭工匠之巧盡世俗之奇氷石周流芳樹雜

省閒以國事亦復不能得朝夕侍食唯有朔
望親奉饋奠雖復得薦珍羞而無所瞻仰内
心崩潰如焚如灼情切於衷事形於言乃作
孝思賦云尒
感四氣之變易見萬物之化成受天和而異
命稟地德而齊榮察蟭螟於蚊睫觀鯤鵬於
壯溟彼含識而異見同有色而殊形雖萬類
之衆多獨在人而最靈禮義別於飛走言語
異於鸚猩念過隙之儵忽悲逝川之不停踐
霜露而悽愴懷燧穀而涕零掩此哀而不去
亦靡日而弗思仲由念枯魚而永慕丘吾感風
樹而長悲雖一至而捨生奉二親而何期思

因情生情因思起導情源以派樹引思心而無巳旣懷憂以終身亦銜恤而沒齒常閑居以永念獨拊膺而自傷徒昦岵而靡瞻空陟屺其何望涕縱橫以交流血沸涌而沾裳覽地義以自咎懼滅性之乖方仰太極以長懷乃告哀於昊蒼冀皇天之有感何報施之茫茫曉百碎於魏闕夜萬斷於中腸心與心而相續思與思而未央晨孤立而縈結夕獨處而徊徨氣塞哀其似噎念積心其若狂至如獻歲發暉春日載陽木散百華草列衆芳對樂時而無歡乃觸目而感傷朱明啓節白日朝臨木低甘果樹接清陰不悞悅於懷抱但

罔極而纒心蒹葭蒼蒼白露爲霜淙氣入衣
凄風動裳心無迫而自切情不觸而獨傷若
乃寒冰已結寒條已折林飛黄落山積白雪
旅鴈鳴而哀哀朔風鼓而颼颼目觸事而破
碎心隨感而斷絶無一息而緩念與四時而
長切年揮忽而莫反時瞬睒其如電想慈顔
之在昔哀不可而重見痛生育之靡答顧報
復而無片悲與恨其俱興涕雜血其如霰鶼
青春而差池鴻素秋而翺翔去來候於節物
飛鳴應於陰陽何在我而不介與二氣而乖
張常茹酷而輪迴歷日夜而不忘旣視丹而成
緑亦見白而爲黄擾性情以翻覆汩神慮而

迷荒想鳴鶴而䰟斷聽孤鷄而心死慟終天
而無怙號畢世而靡恃觀休屠之日磾豈敎
義之所及見甘泉之畫像每下拜而垂泣忽
心動而不安遽入侍於帝室值何羅之作難
乃檢之以投瑟超王臣之稱首冠誠勇而無
延士行已之多方見石他之有權身雖死而
名揚乃忠孝而兩全顧丁蘭其何人家河内
之野王時舞象而方及始成童而親亡刻木
母以供事常朝夕而在傍劉鎮就養而不暇
常遠汲而力寡昔節感於幽靈醴泉生於竈
下顧長沙之臨湘有古初之道始時父沒而
未葬遇隣火之卒起乃伏棺而長號雨暴至

而火死又何琦其亦然獨柩屋而全止至如王祥黃雀入帳隗通橫石特起盛彥之開母目邢渠之生父齒覽斯事而衆多亦難得而具紀靈蛇銜珠以酬德慈烏反哺以報親在蟲鳥其尚介況三才之令人治本歸於三大生民窮於五孝置天地而德盈橫四海而不撓履斯道而不行吁孔門其何敎

遊七山寺賦　梁宣帝

此山川之寥廓時天高而氣靜路閑曠而清華地幽栖而特挺窮淅右之標絕極宇中之勝境承興序而陟涉聊盤桓而騰騁盡登臨之雅致悅諠囂之塹屏因茲連鑣結駟竝幰

方舟萬騎齊列千檝爭浮皆東南之俊異並禹穴之琳球差池集侶容與儁儔巷無服馬路寡遺輈窮周章而歷覽盡娛翫而遨遊介乃傍林橫出輕舠上泝歷秦王之舊陌緣越地之昔路望塗山而斜繞逕南湖而迴渡連天台之華嶺引若耶之長注乍汎灩而瞻望或陵峯而一顧於是歷樂林而南上昇法華而望西有磕磕之奔澗復亹亹之長溪既皎潔而如鏡且見底而無泥途嶮峭而巉絕路登陟而如梯既攀藤而挽葛亦資伴而相提窮羊腸之詰屈極馬嶺之高低霧昏昏而漫漫風颸颸而凄凄瞻洪川其如帶望巨海其

如珪執玉帛於茲地會諸侯而赴稽想蹤柯之茂葉憶大骨之昬迷傳盛美於斯岳播遺範於岷黎旣迺瞰往賢之舊跡美高尚之餘風踐遠草之蕪没撥蓁葕之弥蒙名岳峩而峙立峻谷杳而虛沖春林漂而皆碧秋沼淨其如空旣連綿而相接兼隱軫而無窮信英奇之攸止實翔集之所崇傍高巒而建刹亦帶壠而成宮神靈更其肹蠁仙聖互其交通巖雰霏而起霧樹布護而抽叢嘉卉生其前後善草植其西東瞻朱扉之赫弈望寶殿之玲瓏擬大林之精舍等重閣之講堂旣爽塏之禪宇亦顯敞之華房跨曲澗而爲室繞紆

岊而脩牆夕雲生於窻牖朝日照於簷梁諒隙曲而成麗蓋照景而生光派清梵之宛轉響桴磬之鏘鏘構造精密華麗無方清派四繞吐溜悠長邐迤闌閣峻絕堦隍水碓侔於金谷飛樓似於建章其徒衆則乍遊乍處或賢或聖並有志於頭陀俱勤心於苦行競假寐而誦習咸夙興而虔敬識苦空之迅流惜朝陰之奔競潛深窟而學六通隱閑燕而修八正或燒體而為功或灸身而入定薰名香之氛氳咸飛錫而相映或振塵而高談或閑居而坐聽禪衆疑於漆木智士同於懸鏡既釋教之興華乃法輪之宣盛寺既憑山而構造山

亦因寺而有七蓋靈瑞之所臻亦奇士之所出產龍劒之遺溪遊鹿杭之餘術謝鳳來而容與鄭風反而蕭飈既清澗之漣漪亦飛流之涌溢奇樹蓊而成林珍果榮而非一植山海之雙榴種丹盧之兩橘梅花皎而似霜黃甘壯其如日或曄曄而夏開也離離而冬實山多寶玩地出瓊珍金玉生其陽玦石出其陰神篔嵒嵒而獨立仙的皎皎而孤臨孰知歲之豐儉覩玄白而皆諶刻石記於嬴德披圖悟於禹心懸崖百仞擢幹千尋岧嶢兮闊達嵥峗兮嶔崟樹脩聳而巖峻泉流激而水深仰瞻增其隱隱側眺覩其沉沉眇然兮無

際邈尒芳無邊遠山崔嵬而間出近樹巃嵸而相牽巖將頹而未墮峯入漢而猶懸望蟬聯而蔽日視悠恍而連天有石帆之異狀擬瀑布之飛泉實逢巖而聚霧乃觸石而成煙既崟峩而蔭映亦嶢岦而阡綿既遠控於江海兼近接於村田反瞰城邑傍眺市鄽稱神州之鎮嶺實天下之名川至若蓬萊遊於聖迹巫岫表於神仙衡陽聞於夏貢嵩岳重於周篇曾何比麗詎此同妍復有標奇神井萬載澄渟汲之不竭添之不盈雖頻撓而不濁徒屢攪而終清涉隆冬而溫燠經歊暑而冷冷異城都之飛火寧疎勒之表誠匹醴泉之

蠲疾同淄水之鑒形亦有孤潭道士焦里夫人獨居味道寂絕朋賓餐霞永日靜坐千春衢無行跡路產荊榛既勤劬而向道亦蕭灑而忘塵或逍遥而諷詠或擁膝而長吟同董生之垂識學梁子之明箴將松喬而共侶與嚴衞而相親其林藪彌密羽族爭歸猨連臂而下飲鳥比翼而群飛鴻鵠集而相暎白鷴皛而生輝拂霜毛之弈弈皷素翮之霏霏兼有竒禽猛獸偃息溪圻虎懷仁而不害熊隱木而生肥巨象數仞雄蛇十圍麀鹿易附狎兎俱依同彭鏗之仙室異海鳥之知機藥卉叢生消痾駐老地出長齡墟多壽考似南山

之溪谷匹井中之埋寶迸劉五者何殊四皓
復有牛膝鷄腸雀頭鷰草甘菊辛夷苦參酸
棗紫菀赤箭黃耆白蘘天門地骨肉芝石腦
神農是嘗仙經是造白兔服而通靈鹿皮餌
而得道其果則有木瓜木棗楊桃楊梅朱橘
冬茂黃蘠秋開楂梨並杜柹柰爭瓌枳椇列
植而爲藪懸鈎觸草而徘徊林檎佯於薛實
甘甞擬於帝臺紅梅蘡薁車李胡頹緑棎冬
獻紫芋秋來半夏成圃春就群栽枇杷梨豆
椎栗兼該或炫炫之丹實或靡靡之青菱欒
疾風而弥艷中嚴霜而不摧既蓊鬱之梧桐
亦檀欒之脩竹篠箭亂其形類筋桂異其品

族映檐牖而交加繞房廊而郁毓抵葉陰於
清泉結根攢於幽谷靈木之所自生瑞鳥之
所栖宿實散賞之佳地信開心而醒目至如
涼秋九月百卉飄零氣凄凄而恒勁風颯颯
而常生愁蟬吲於南壠塞鳥吟於北庭蟋蟀
哀嘶而遠聞孤猨叫嘯以騰聲鴻鴈唈唈而
夜響鵾鷄啁哳而悲鳴增逸民之放曠動遊
士之滯情咸有志於獨往俱栖心於濯纓信
達人之良會蓋可伸其遊矚故孝先往而成
眞慶緒經而離俗憑怪石而爲枕因滄浪而
洗足蓋往賢之所同亦先儒之高學余宿昔
之心期常有懷於遐邈屢徘徊於浪桂頻留

連於名岳念家國之隆恩緩獨往之遺躅欲抽簪而未從聊寄美於斯曲

宿山寺賦　　梁王錫

脂車秣駟薄暮來遊入界道而遼朗息祇樹而淹留惟基構之所處實顯敞而高居延層軒之迢遰屬廣廡之踟蹰差繡栭而反宇列緹柱而承霤尒乃陟飛陛於峻岐登步櫚於絕頂既中天而昇降亦攀雲而遊騁宇陰陰而怡曠階肅肅而虛靜朗華鍾之妙音曜光燈之清影其房則開窻木末淨柱山叢引含光之澄月納自遠之輕風因明兮目極憑迴兮望通平原兮無際連山兮不窮識生煙於

岫裏眄列樹於巖中樹陵危而秀色煙出遠
而浮空情迢遥於原野心放曠於籠櫳夜悠
悠而何期露瀼瀼而漸落翫一葉之流螢聆
九野之鳴鶴盥泉兮藉芳杜入谷兮佩滋蘭
静嘯兮疏煩想獨往兮恣遊盤信一致之易
息豈萬物之能干就薄帷而安夜寢逌高枕
而極星闌

鹿苑賦　魏高允

啓重基於朔土系軒轅之洪裔武承天以作
主熙大明以御世灑靈液以滂流扇仁風以
遐被踵姬文而築苑包山澤以開制殖群物
以充務錫四民之常税暨我皇之繼統誕天

縱之明叡追鹿野之在昔興三轉之高義振
幽宗於巳永曠千載而有寄於是命匠選工
刊玆西嶺注誠端思仰模神影庶眞容之髣
髴燿金暉之煥炳即靈崖以構宇踈百尋而
直上絙飛梁於浮柱列荷華於綺井圖之以
萬形綴之以清永若祇洹之瞪對孰道場之
塗迴嗟神功之所建超終古而秀出寔靈祇
之恊贊故存貞而保吉鑿仙窟以居禪闢重
階以通述澄清氣於高軒佇流芳於王室茂
花樹以芬敷涌醴泉之洋溢祈龍宮以降雨
倅膏液於星畢若乃研道之倫行業貞簡慕
德懷風杖策來踐守應眞之重禁味三藏之

淵典或步林以經行或寂坐而端宴會衆善以並臻排五難而俱遣道欲隱而弥彰名欲毀而逾顯伊皇輿之所幸每垂心於華囿樂在茲之閑敞作離宮以營築固爽塏以崇居枕平原之高陸恬仁智之所懷眷山水以肆目玩藻林以遊思絶鷹犬之馳逐眷耆年以廣德縱生生以延福慧愛內隆金聲外發功濟普天善不自伐尚諮賢以問道詢芻蕘以補闕盡敬恭於靈寺遵晦望而致謁奉清戒以畢日兼六時而宵月何精誠之至到良九劫之可越資聖王之遠圖豈循常以明教希縉雲之上昇羨頂生之高蹈思離塵以遺俗

涉玄門之幽奧禪儲宮以正位受太上之尊
号既存亡而御有亦執静以鎮躁覩天規於
今日尋先哲之遺誥悟二乾之重蔭審明离
之並照下寧濟於兆民上剋光於七廟一萬
國以從風揔群生而爲導正南面以無爲永
措心於沖妙夫道化之難期幸微躬之遭遇
逢扶桑之初開邁長夜之始曙顧衰年以懷
傷惟負忝以危懼敢布心以陳誠効鄙言以
自著

大乘賦 并序　　李顒

大乘者蓋如來之道場也故緣覺聲聞謂之
小乘言法駕之通馳如舟車之致遠也夫合

抱興於毫末九層作於累土從淺以高大理妙在於不有迹麁由乎不無舉有以希無則無無以暢忘無以統有則有有以通無無以暢則乘斯小矣有有以通則乘斯大矣夫揔福祐之會者莫尚於法身宣一切之知者莫貴乎如來故神稟靈照以觀三達之權思周深妙以入四持之門知色之空任而不敗起滅無崖終始無際形寄於宇宙之中而心包乎二象之外目察於芥子之細而識鑒乎須彌之大美哉淵乎其源固不量也嗟嘆不足遂作賦曰

建大乘之靈駕兮震法鼓之雷音除行蓋之

欲疑兮餐微妙以悦心滿覺意之如海兮演般若之淵深平八道之坦蕩兮遊總持之苑林定禪思於三昧兮滅色想於五陰執抵羅之引弓兮操如意之喻琴破衆網之將裂兮剗貪垢而絶淫危泡沫之暫結兮焉巧風之足歆或明行而善逝兮積功勳以迄今收薩云之空義兮運十万而魔擒開止觀之光醆兮消邪見之沉吟閑必固之垣牆兮同影響之難尋

詳玄賦　　仙城山釋慧命

惟一實之淵曠嗟萬相之繁雜眞俗異而體同凡聖分而道合承師友之遺訓藉經論之

垂芳馨塵庸之小識請與言於大方何羣類之蠢蠢處法界之茫茫性窮幽而弥曉理至寂而逾彰既非空而非有又若存而若亡談秘密於慈氏歎杳冥於伯陽湛一虛而致極揔萬有以爲綱雖即事而易迷亦至近而難識非名言之所顯豈情智而能測口欲辯而

詞喪心將緣而慮息故雖一音隨類之能三轉任機之力莫不停八梵於寂泊之門輟四辯於恬惔之域尋其涯也豁乎無際眇乎無窮源乎無始極乎無終解惑以茲齊貫染淨於此俱融該空有而闡寂括宇宙以通同論其用也一而能多靜而能亂挺萬類之殊形

吐群情之別觀結五住之盤根起十纏之羈
絆隨迷悟而通塞逐昏明而集散四流因之
漂蕩六道以之悠漫三賢十聖曖以聯綿二
智五眼曄而輝煥渾昇沉而共燮泒違順以
分岐體無非而不是用無相而不爲若純金
不隔於環釧等積水不憚於漣漪故今名用
諠雜集起紛馳事若萬軫殊轍理則千輪共
規觀無礙於緣起信難思於物性猶寶殿之
垂珠若瑤臺之懸鏡彼此異而相入紅紫分
而交映法無定於心境人靡隔於凡聖物不
滯於自他事莫擁於邪正何巨細之殊越遂
叅互而容持隣虛含大千之界剎那攝三際

之時懼斯言之少信借帝網以除疑蓋普眼
而能矚豈惑識以知之覿九會之玄文覽萬
聖之貽則睠常啼於東市慕善財於南國歷
多城而進解訪衆師而遣惑始承命於文殊
終歸宗於妙德雖遊形於法界未動足於祇
園嘆一王之似虐嗟五熱之非暄握手入和
修之舍彈指開阿逸之門聞一音之常韻覩
極聖之恒存三九於茲絕聽二七自此亡魂
斯甚深之境界亦何易而詳論悼熏識之多
迷慨群生之少慧保一異之四邪執斷常之
雙計怖夢虎於長眠翫空花於久翳縈結纏
而未解任漂流而莫濟背七覺而逾昏染六

慾而方滯何理通而志隔既法是而情非忽
跉跰而獨往久逃逝而亡歸埋寶藏於窮舍
匿明珠於弊衣抱一眞而不識縈萬惱以歔
欷嗟余既已傷於悟晚且又悲平命舛藉五部之
流耀蒙四依之睠錄涉講肆以開愚託禪林
而遺慾猴著鎖而停躁蛇入筒而改曲涉壙
海以戒舟曉重幽以慧燭絕諍論於封想息
是非於妄情創鍛緣於有覺終寂慮於無生
顯眞宗之實相違世用之虛名道莫遺於始
行晴弗拒於初明擬六賊其方潰冀十軍之
可平昏雲聚還散心河濁更清性海無
增減行月有虧盈疑兎足之致淺懼鴻毛之

見輕爲山託於始簣庶崑崙之可成

玄圃園講賦　蕭子雲

曰天監之十七屬儲德之方宣惟玉帛之光盛信昌符之在焉於是上照天下漏泉輪囷之氣吐煙日月之景揚貞乃聖武之龍飛載爲家於天下思承規於景數遂長發而明祉若重光於有周似二英於皇夏方前星而列曜播洪鍾於胤雅去茲永福來即東朝文物是紀聲明是昭發玄章於粉繢靡青綏於翠翹鑾納那而垂藻笳和鳴以承籥載錫其光令聞令望察情幄帳讓齒虞庠性與天道言爲珪璋詩史遥集禮易翺翔義華洛水文麗

清漳昔七覺之吐華高人天而爲長道西被乎日用法東流而未朗故授神葯於文昌寄寶舩於明兩異昔談而同世亦千年而影響闇塡塡之法雷見慧雲之初爽眞如之軌既接發揮之功已躡閭金泥剖玉牒削蒸栗之簡採羅樹之葉石室靈篇南宮神篋所以一音不已而待覩重矩疊者矣惟至人之講道必山林之閑曠彼柰園與杏壇深淨名與素王模清遊之浩瀁擬樂賢之隆壯睿情杳然是焉供帳乃高談玄圃之苑張樂宣猷之上覲夫靈圃要妙揔禁林之叫寥稾輦道之三星躔离宫之六曜寫溟浚沼方華作峭其山

則峛崺猈豕硱磳謠詭坂墀巀嶭夏含霜雪
下則谿壑泓澄虹螮降昇上則青霄丹氣雲
霞欝蒸金華琳碧燭銀碝石藻玉摛白丹瑕
流赤周以玉樹灌叢紫桂香楓篔簹含人桃
枝育蟲妙草的皪靈果垂葼長卿寒翠簡子
秋紅崖戴雲而吐雨木鳴條而起風中有蘭
渚華池渌流潺濘激水推移弥望杳溟到飛
閣之嵯峨漾釣臺而浮迴張翠帷於鴻舩泛
羽旒於雀艇鳥則杉鷄繡質木容錦章戴勝
吐綬鸐鸛鸓香璧龜紫鱉鸊鷉鴛鴦風鳴日
思高廣浮長內則錢荇菱華菡萏散葩暐硍
巨石瀆滙碧砂離簁比目累綺紅蝦漂青綸

之蕤折蕩碧組之毿髟銅龜受水而獨涌石
鯨吐浪而戴華所以藉園籞之壯觀將髣像
於毗耶於是清宫廣闢宿設宵張華燈熠燿
火樹散芒鍛閃六尺龍叢九光穎若流金之
出沙嶼粲若列宿之動天潢朝曭朗而戒旦
雲依霏而卷族輕輂西園齊宫北囿文衛濟
濟僧徒肅肅法鼓朗而震音衆香馝而流馥
亦有百獸皎皎髟髟雲車九層芝駕四鹿吴
越楚艷胡笳燕筑常從名倡戲馬蹋鞠巡少
陽渡紫複繞崇賢瞰承禄揚散華之飄飖響
清梵於林木燈王歸而贈蹉香積來而獻熟
似衆聖之乘空若能仁之在目既而俄軒有

睟肆筵授几高殿肅而神嚴微言欣而奏理煥嘉語於丹青得親承於音旨智周物而爲心情研機而盡諦言超超而出象理亹亹而踰繫類彖兩娱心之談未足云晉儲眞假之理豈能逮史臣乃載筆撰功請事其職賦金相玉式世旣聞甘露之言民已登仁壽之域矣將奉瑶宮之軑陪雲樓之軾福穰穰委如山長莫長永無極

夢賦

隋釋眞觀

昨夜眠中意識潛通類莊生之覩胡蝶如孔氏之見周公雖夢想之虚僞亦心事而冥同尒乃見一奇賓傲岸驚人無名無姓如鬼如

神姿容閑雅服翫光新入門高揖請席誇陳
余乃問曰夫邪不干正惡無亂善清濁異流
昇沉各踐吾身披法鎧心遊妙典六賊稍降
四蛇方遣大乘已駕小魔宜剪君是何人欲
來何辯客乃對曰久承名行未遑修敬常深
注仰每軫翹詠忽覩光儀良有嘉慶欲伸諮
請願垂高命夫人生假借一期如擲倏虹電
之驚天迅白駒之過隙豈不及年時之壯美
取生平之歡適或走名驥於長阡或駕飛輪
於廣陌坐西園而召友敞南齋而對客出野
外而操琴入閨中而撫石或復合鐏促坐傳
觴舉白重之以笑歌伸之以燔炙至如學富

門昌德重名揚江東獨步日下無雙心爲義
窟身是智囊彫金仕漢佩玉遊梁高車駟馬
桂戶蘭房烈燕姬而滿側奏秦女而盈堂聞
絃管之寥亮聽絲竹之鏗鏘何則一生之快
樂亦千載而流芳豈能栖栖獨處傍無笑語
剃髮除鬚違親背主形容憔悴衣裳襤褸既
闕田蠶復無商估等碎繒之百結似破襖之
千補至如玉露朝團金風夜寒老冉冉而行
至歲忽忽而將闌床空帳冷覆薄眠單絕子
孫於後胤罷賓從而來歡欲以斯而爲道亦
得道之量難余乃听然含笑略陳心要徐而
答曰省來說之嬌張遂引誘於邪方欲以井

蛙共海鯤而論大爝火與日月而爭光無異鷦鷯之比鵬翼培塿之匹崐峒尒既昏懵於生死亦耽染於玄黃唯知酣酒嗜慾峻宇彫牆豈識多財之被害寧信懷璧而爲殃佳味爽口羙食爛腸貪婬致患渴愛成狂人生易盡物理無常朝歌暮哭向在今亡忻歡暫有憂畏延長且世間紛攘竟無閑賞五苦競來百憂爭往妻子翻爲桎梏親愛更如羅網私里恒弊巑岏公事徒勞鞅掌榮華有同水沫富貴實如山響然自沉淪倒惑恒懷磣毒不孝不慈無道無德胷襟儱戾心腑讒賊自大嬌奢志能苛刻詎識仁義誰論典則無趣損

傷非理貪匿見利爭往臨財苟得失位失名亡家亡國命繩溘斷身城倒匐業繫其頭鬼穿其肋氷池向踐火山方冒忍痛自知銜悲誰告尒乃刀林擁聳劍樹嵯峨爐飛猛燄鑊湧驚波稜層鐵網蘇蔟灰河風諸苦難次第經過頭蓬鋸解骨被磨摩舉身星散合體滂沲。一朝鍾此萬恨如何若夫正法弘深妙理難尋非生非滅非色非心浩如滄海欝似鄧林隨機往赴逐應便臨內宣萬德外啓八音威降醉象影攝鷲禽形如滿月色似融金遂令尼揵脫屣梵志抽簪然而出家之爲道也則蕭散憂遊無欲無求不臣天子不敬王侯似無瑕之璧如不繫之舟聲樂不能動軒冕不能留無爲無欲何懼何憂戒忍雙習禪慧兼修天人師範豪庶依投若夫爲學日益爲道日損損之則道業踰高益之則學功踰遠故形將俗人而永隔心與世情而懸反所服唯是三衣所飡未曾載飯從師則千里命駕慕法則六時精懇濯慮於八解之池怡神於七淨之苑至如道安道昱慧遠慧持赤鬚法主青眼律師弘經辯論講易談詩開神悅耳析滯去疑並皆揚名後代擅步當時或與秦王而共輦乍將晉帝而同幃遂使桓玄再拜而弗暇郗超千斛而無辭尒乃行因已正方饗餘慶四梵爭邀六天俱聘封畿顯敞國土華淨寶

樹瓊枝金蓮玉柄風含梵響音泉流雅詠池皎若銀地平如鏡妙香紛馥名花交映近感樂身遠招常命若夫六度修成十地圓明靈智既湛種覺斯盈寂寥虛豁皎潔澄清非起非作無造無營法眼不闚其色天耳不聽其聲惡言不能加毁美譽無以爲樂質非質礙之質名非名相之名水火衝天而不懼雷霆震地而不驚雙林現滅而不滅王宮示生而不生既窮天下之至妙誰敢與之抗行於是前來君子聞斯語巳合掌曲躬斂眉彈指魂飛氣懾神寥情否踧踖無顔逡巡驚起自陳孤陋未知臧否追用感傷實懷慚恥今日奉敎謹從命矣

傷愛子賦　　江淹

江艽字胤卿僕之第二子也生而神俊必爲美器惜哉遘閔涉歲而卒悲至躑躅迺爲此文

惟秋色之顥顥心結縎兮悲起曽憫憐之慘悽痛掌珠之愛子形惸惸而外施心切切而内圮日月可銷兮悼不滅金石可鑠兮念何已緬吾祖之赫羲帝高陽之玄冑惜褭宗之淪没恐余人之弗構覬三靈之降福祐弱子之擢秀酷奈何兮胤卿郯逢天兮不祐尒誕質於青春攝提貞乎孟陬謂比芳於右烈槩齊英於前修遺高行之美迹邑盛業之清猷白露奄被此百草尒同凋於梧楸憶朱

明之在節顧岐嶷之可貴睨鑪帳而多怡瞻戶牖而有慰奚在今之寂寞失音容之髣髴姊日中而下泣兄嗟季而飲淚感木石而變哀激左右而隕欷奪懷袖之深愛介母氏之麗人屑丹泣於下壤儵懇憂於上旻視往端而擗慄踐遺緒而苦辛就深悼而誰弭歸末命兮何陳我過幸於時私爰守官於江潯悲薄暮而增甚思纁黃而不禁月接日而爲光霞合雲而成陰霧籠籠而帶樹月蒼蒼而架林嗟柰何兮弱子我百艱兮是尋驗纖帶之夜緩察葆鬢之朝侵惟人生之在世恒歡寡而慼饒雖十紀之空名豈百齡之能要迅朱光

之映夜湛白露之凝朝指蘖而取免排此理以自銷然則生之樂兮親與愛内與外兮長與稚傷弱子之冥冥獨幽泉兮而永閟余無怨於蒼祇亦何怨於厚地信釋氏之靈果歸三世之遠致願同昇於淨刹與塵習兮永棄

無爲論 并序

吾曾迴向正覺歸依福田友人勸吾任吾志不改故註無爲論焉　有弈葉公子者聯蟬七代冠冕組𡕒多素絻黼衣繡裳負長劒而耿耿佩鳴玉而鏘鏘時遊稷下或客於梁間英雄而豹變聽利害以龍驤乃動朱履而馳寶馬振玉勒而曜金羈之無爲先生之門問曰

先生智德光融嵩華無得以方其峻道義清遠溟海不足以喻其深無學不窺無事不達容儀閑靜言笑温雅至如釋迦三藏之典李君道德之書宣尼六藝之文百氏兼該之術靡不詳其律要而採摭沖玄煥乎若覩於鏡中炳乎若明於掌内余聞天地之大德曰生何以聚人曰財是故老聃以爲柱史莊周以爲園吏東方持戟而不倦尼父執鞭而不耻實萬古之師範一時之高士先生嘉遁卷迹養德不仕乃列子之所待非通天下之至理雖江海以爲榮實搢紳之所鄙先生攸爾笑而應之曰富之與貴誰不欲哉乃運而不通

也夫忠孝者國家之急務也申生伍員不得志也懷道抱德玄風之所尚楊雄東方其職未高也其大學者不過儒墨亦栖栖遑遑多有不遂也子所引之士者情雖欲之志不行也憂喜不移其情故可爲道者也過此巳往焉足言哉吾聞大人降迹廣樹慈悲破生死之樊籠登涅槃之彼岸闡三乘以誘物去一相以歸眞有智者不見其去來有心者莫知其終始使得湛然常住永絕殊塗無變無遷長祛百慮恬然養神以安志爲葉欲使自天祐之吉無不利舒卷隨取進退自然遁逸無悶幽居永貞亦何榮乎亦何鄙乎子其得之

吾何失之塵内方外於是乎葉公子恧然而有慙德逡巡而退

伐魔詔并序　元魏懿法師

慰勞魔書　檄魔文　魔主報檄

破魔露布　平魔赦文

伐魔詔并序

夫生在三界恒爲四魔所嬈沉淪生死遍在六趣若一得人身及聞經法譬見優曇喻值浮孔尋惟聖教實開心目懿身處下流元希彼岸直因生有惡此徧身心去志恭徒然無補略因愚管憑剿四魔昔在年幼嘗作破魔露布文雖鄙拙頗爲好事者所傳自遷都之

後寓在洛陽忽於故塔之中得此本文時遇值今國都法師尚在金剛波若寺講勝鬘經輒以呈示法師學涉内外甚好文彩乃更披經卷賜示魔事兼得擬符氏時釋道安檄魔文共尋翫之復竭愚淺修改舊文更作平魔赦重薦法師更無嫌也但安公檄文直推天魔凡爲世患經列有四且天魔權變非浮情所測煩惱陰死爲患寔深輒更起伐魔詔慰勞文冠之於初是以前後不同文頗繁重冀信心君子兩得行之輒并編安法師檄文爲次合爲一卷

伐魔詔

門下僞魔逋誅于兹曠劫鷹跱四山狼顧五
道心頑縱毒常懷返噬固守一隅擁隔聲敎
自大通已降爰暨賢劫雖百王繼踵千聖相
尋威懷百途辯道千計猶不能遏彼邪心息
此異見得使貪競相緣瞋癡互舉常結四生
終歸六趣眷言斯瘼實用傷懷今原燎方邇
浸潤有漸無宜自寬以致顛覆可簡將練卒
隨機殄撲勿使蒼生懷予復之歎主者告下
時速施行

　臣信相等言奉被

詔書如右臣聞見機者則承風以先附守迷
者必威加而後降是以舜舞干戚有苗自縛
於王庭目連擭弓則金地相園之日故能斬

伏心王塞靜樓觀身被忍鎧手挈浮囊棄所保之貨賄設禪悅之名饈宴彼奇將集此雄勇志有所規則無往不摧心之所向則無思不服四魔區區焉足以規慮哉但令聚結未散事須平蕩輒依分處星言宿駕謹重申聞請可付外施行謹啓

慰勞魔書

告三界五道有識群生等夫曦和迭駕盲者尚迷其光雷霆震響聾者猶惑其聽雖照屬理均而稟受道異致令法音擁於殊聞慈光蔽於異見昏痼相仍長迷永夜劫石有磷此緣無竭故我高祖愍此横流心存拯溺體韞

殊光口含異響開宏基於未前構玄覺於有始故一闡洪猷則巨犉競馳再擇道教則羊鹿服御證無生於胷襟戢寂滅於懷抱但年德推移心存靜定爰命皇儲紹隆大業先帝藉此洪資纂我前緒積德三大累功塵劫心變冥機遊神赴會身固舟囊陵波拯接出没任情權旨自在故能超彼九劫降此四天跨據一方威攝萬國八十年中刑措不用但時不我與聖上遷化教迹道殊人懷異念卿等或是日種輪王世跨四域或是用性高良忠貞不貳享三界之名宦保一時之榮祿但爵命難恒時有否泰或因憍慢而喪家或由貪

殘而失國故令後胤彼流奄然忘返遵彼邪
原况此慾海而使天魔承疊作患於上方煩
惱因茲侵淫於下國或縈中陰於未生或馳
五衰以告老終疲昇降長勤往没慕府因機
桀起英略超群緯文經武體眞練俗承百王
之洪規稟萬代之遺則履道居彼龍象扣此
律門方當馳光上下候騎入維摠括群邪羅
絡萬有籠三界於一身抗百綱於無外摧拔
須彌飜波巨海顛倒宇宙迴易日月使人天
倒懸水陸燋沸然復塞其必我之心開其子
來之路扇清風於塗炭布同愛於無間平蕩
三途攝茲四有威以動之福以綏之暴尒小

醜焉足以語哉卿等既爲所悞沉淪日久宜
藉此時機早建良啚夫時難得而易失機尚
速而後悔若得時也則福禄競臻如失機也
則敗捷爭及故實融享爵事歸於先覺公孫
嬰戮取敗於後機此皆往事之高鑒當今之
軌轍且智者處危以謀安愚者臨成以致敗
成敗安危在於時機非降自天抑亦人謀今
三軍竚駕寶藏初開懸重爵以俟功設天官
以命哲正是大士縱横之秋智勇獻功之日
與卿等同發遐原枝流異土追惟在昔猶或
依依言念四魔不覺撫劒故先遣白書略陳
成敗曾改迷徒尋光赴命相與齊轡道場比

肩輪下諮稟未聞愛教君子友朋好合一不亦
善乎無宜大安斯趣盤桓遊逸恐此生滅相
尋有無繼作若三毒一馳則義無怨親四凶
互出則夭壽俱翦雖欲保全其可得哉今善
牙已建六軍啓途出彼火宅尋討未服梟斬
之期非旦即夕幸體往意時作出計勿懷猶
豫濫嬰斯福臨路遺書怱怱無盡

檄魔文

弥天釋道安頓首魔將軍輪下相與雖復玄
徒殊律々天一統宗師雖異三界大同每規
良集伸其曩積然標牓未宣所以致隔今法
王御世九服思順靈綱方伸宏綱彌布大通

有期高會在近不任翹想並伸預意釋道安
頓首
夫時有通塞否終則泰千聖相尋萬師迭襲
昔我高祖本元天王體化應符龍飛初域仗
權刑以剖萬邦奮慧柯以伏六合咸蕩四邪
掃清三有方當抗宏綱於八區亘靈網於宇
宙夷靜七荒寧一九土但冥宗不弔真容凝
靜重明寢輝虛舟覆浪故令蛇蟻煩興梟鏡
競起翳染真徒塵惑清衆虐被蒼生毒流萬
劫恠道有情異心同忿我法王體運應期理
物上藉高貴下託群心秉玄機以籠三千握
聖徒而隆大業雲起四宮鸞翔天竺降神迦

夷爲法城塹撫育黎元善安卿士匠導群賢
慰喻有疾嚴慧柯於胷中被神鉀於身外愍
十八之無辜哀三空之路絶志匡大業情必
平難百域千邦高伏風化承君久抱惑心重
迷自覆深執愚懷固守爲見狼據欲天梟鳴
神闕畔換壇場抗拒靈節謂天位可登洪規
可改覽茲二三遠爲歎息何者大通統世則
群方影從而僞癡天魔不遵正節忏忤聖聽
塵撓神心領卒塞虛奇形萬變精鉀曜曦霜
戈拂日靈鼓競鼙響衝方外高步陸亮自謂
強威而王師一奮群邪殄喪魔衆迷革心望風
內附況君單將僥然一介土無方尋衆不成

旅而欲背理違常陵墟華邑篡奪靈權勝常取信以僞忝眞可不謬矣于今釋迦統世道隆初劫妙化堂堂神羅遠御智士邕邕玄筭葢世武夫龍超捉鞁千隊協略應眞奇謀超拔故命使持節前鋒大將軍閻浮都督歸義侯薩陀波崘獨稟天姿義陳玄覺神高須弥猛志籠世善武經文忠著皇闕領衆四十萬億揚鑣路首故命使持節威遠大將軍四天都督忉利公導師曇無竭武勝群標文超隨夏宏謀絕塵心栖夢表每憂時忘身志必匡世領衆百億虎盼須彌故命使持節征魔大將軍六天都督兜率王解脫月妙思虛玄高步

塵表略並童眞功侔九地悼愍三塗忿君縱
害援劍慷慨龍迴思奮領衆五百萬億鸞鳴
天衢故命使持節通微將軍七天都督四禪
王金剛藏朗志虛玄金顏遐矚恩殊九錫力
傾山海左顧則濛汜飛波右眄乃扶桑落曜
德無不施威無不伏領衆七百萬億雲迴天
門故命使持節鎮城將軍九天都督十地大
王維摩詰奇筭不思法柯達震體合神姿權
像萬變呼吸則九服雲崩叱吒則十方風靡
威被下愚無辜酸楚領衆九百億飲馬靈津
故命使持節鑒復大將軍十九天都督十住
大士文殊師利承曾遐元形暉三耀身自金

剛神高體大應適千途玄筭萬計群動感於一身衆慮靜於一念深抱慈悲情兼四攝領衆塵沙翱翔斯土故命使持節匡教大將軍十九天都督録魔諸軍事群邪校尉中千王觀世音智略淵深慧綱遐網明遠六通朗鑒三固或託跡群邪耀奇鋒起或權形二九息徵塗炭揮手則鐵圍摧巖噓吸則淨雲頹崿能爲十方作不請之益領衆不思風吟虎嘯故命使持節撫化大將軍十方三界大都督補處王大慈氏妙質從容天姿標朗體踰金剛心籠塵表猛志衝天慧柯遠奮無生轉於胷中權智應於事外志有所規無往不就威

恩雙行眞俗並説領衆八百萬億嚴駕待命
勇士之徒充盈大千金剛之士弥塞八極咸
思助征席卷六合乘諸度之寶軒守八正之
脩路跨六通之良馬捉虚宗之神轡彎四禪
之良弓放權慧之利箭鳴驥浩浩輕步矯矯
撫劒飛戈長吟命敵而將軍累世重光匡濟
帝業歷奉聖庭曾無有闕貴即道師身子五
百幽鑒天命秉受王化聖上開襟皆授名爵
封賞列土功侔舊臣聲蓋萬域而君何心横
生異見偃蹇邊荒顛顧常位毒害勃於蒼生
災禍流於永劫可不哀哉可不謬哉君昔因
時荒爲物所惑狂迷君心投僞外竄百行一

愆賢達尚失久謂君覽智返愚歸罪像魏束
身抽簪同遊群儁以道自娛榮名終始仍執
愚守惑偷安邪位託癡山以自高恃見林以
遊思耽六欲之穢塵翫邪迷以悞性建憍慢
之高幢列無明之凶陣闊步長塗輕拚神器
盜篡天宮抗拒日月恐不異舉手欲障三光
抱土塡於四海打鼓與雷爭音把火共電競
耀雖擬心虛標事難就矣然將軍殖德玄律
原承弥遠暉華昞然群下矚目望貴之基易登
由來之功可惜可改往修來翻然緜順誅過
朱門與道齊好家國並存君臣俱顯取名獲
安曉目達觀眷屬晏然可不美歟大師剋舉

萬方矯轡手提法蠡齊撫慧劒道柯輝耀於前驅靈鼓震音於後隊神鍾一扣則十方傾覆海浪飛波則原陸湯沸當尒之時須弥籠爲微塵天地迴爲一粟無動安於左襟妙樂握於右掌神力若斯豈可當哉然我法己體大仁慈未欲便襲權停諸軍暫頓靈轡臨路遣書庶迴迷駕君可早定良啚面縛歸闕委命王庭逍遥閑境上方宰任非君而誰夫聖人上智識機明責免禍窮而知返君子所美此乃轉福之高秋取功之良節昔夏桀無道殷王致伐商紂首亂周武建師此則古今之常軌將軍之明誠相與雖復形乖於當年風

流於道味人天崎嶇何足致隔想便霍然隨
書投命所以切痛其辭委曲往久者不欲令
芳蘭夏凋翠柯摧穎深思至言善從良計勿
使君身傾匡三槃勿使六天深生禾莠迅自
仰眺助情暢然臨紙多懷文不表意釋道安
頓首頓首

魔主報檄

大夢國長夜郡未覺縣寱語里六自在主他
化皇帝報檄於高座大將軍南閻浮提道綏
撫大使佛尚書安法師節下音耗自遠喜同
暫接尋覽句味良用欣然方見大國之臣禮
義高矣承將軍虛心豁達密行淵玄襟帶山

河牢籠宇宙慮深宗廟憂及生民秀氣千尋
貞心萬仞諒疾風之勁草也亂世之忠臣也
冀道遇則隣彼我非隔俯從人事聊此報章
昔周室既衰六國鼎沸漢朝運滅三分天下
或外夷侵叛毒被中原或内禍潛作殃及良
善應期鵲起違時豹變有之自古豈止今日

惟蒼生塁積上天降禍釋迦皇帝奄然登霞
哀纏臣妾悲浹率土皇太子彌勒養德心宮
満月停山深叢隱藥數鍾百六之世將虧九五
之君諸侯姦猾猜忌相覷一十八部教軌叅
差九十六道鑣俎迴互狼噬海濱梟鳴山曲
左不記言右不記事國憲朝典與霜露而凋零

天璽帝璧同氷消而葉散臣怨民怒衆叛親離逃逝無歸竛竮長往竊謂數屬太平沐浴朝化時逢亂世濟難干戈蓋乃通人之權變也謹率義兵發憤忘食並登山拉虎臨河斬龍緯武經文輕身重義社稷是所不啚也天位非所傾望也直以心城無主邪戲塵勞沓澠慾流將心源而共遠惚恍大夢與永夜而俱長還因假寐弔民伐罪先遣聚沫大將軍黃玄侯率空華之卒策陽炎之馬即乾城之隅結浮雲之陣戈甲昱爍弓戟叅差鋒刃未交服兵先敗次命磵響大將軍絲竹公領宫商之衆據傳聲之谷隨聞隨翦次命百和大

將軍蘭麝伯領馨香之旅乘風抒陣千里無雲次命六味大將軍領肥美之卒爲面門都督安滄濵之口吞噬無遺次命七竅大將軍領細滑之衆戰皷纔擊身城瓦解五軍前討百戰恒捷自天是祐罄無不宜朕慮未窮巢穴躬行問罪戎衣旣整出自空窟發淵泉之智動山岳之威承妄想之兵數盈兆載並潛神識海隱影心山命將元帥案劍城旅徵兵士卒擎刀結陣排空塞迴煙飛霧集莫不雄氣衝天吐妄雲於眞際高風駭地驚塵浪於性海擊道品官軍霜夜抒鏵一心旣没還源彌遠六愛已然宅火逾盛縱横翦掠腹背羅

討六奇三略先蘊胷襟百步千榮本無横陣遂雲消霧卷吾道興焉於是分官置職行我風化　勑無廉驃騎虎踞貪山性澁將軍龍蟠慳海瞻恤之士水陸無寄

勑繫地郎將置陰陽之府情塵駙馬觀伉儷之兵愛水暫流身城被績欲火纔發天廟遭燒繕性將軍巳從焚溺勑咆嘞校尉弓劍隨身鴆毒鷹揚戈戟在手嚴毅士卒警固睹城使平忿將軍銷聲剗跡

勑正勤御史且停監察隨眠武侯安撫朝猷放蕩無明縱恣有待使精進一馬罷行四勤之路迦留二箭不射三空之門勇猛將軍風

煙歇滅。
敕覺觀大司馬置府初禪邪思惟都尉列陣
三有以原未静頻被風波禪枝欲茂再遭霜
雪安静將軍埋身亂境敕我見行高鎮陀那
之嶺惑山萬仞疑式百重討返還迷問津天
路使觀身實相伸如羊角緣寂妄業密若魚
鱗故毒動狂子酒醒醉客覆負金藏隱肥膩
草博通將軍无焉如醉斯則率土之賓皆吾
民也今十軍意氣五將英雄乘機發立成國
宗廟朕俛仰即位臨軒御宇纂承王業握圖
受命因弱之輪無際足擬金輪心與駿馱有
餘聊充紺馬衣冠充三車書已一方扇長風

於火宅奮高車於門外解釋甲胄與民更始
將軍士卒並士智力俱喪路窮箭盡棄馬焚
舟螗蜋舉臂良可愍也良可耻也豈盜跖率
卒侵暴諸侯孔丘冒陳流汗反府即將軍之
明誡也皇太子彌勒代邸龍飛朕汗馬歸朝
銜罪庭闕將軍見徵未敢聞命也情深筆短
不能多白冀歸高君子相期於言外焉波旬
頓首死罪

破魔露布文

廣緣將軍流蕩校尉都督六根諸軍事新除
惡建善王臣心賑惠將軍善散子都督廣濟
諸軍事監軍臣施繕性將軍剋欲界都督攝

志諸軍事司馬臣戒平忿將軍蕩恚侯都督
洪裕諸軍事司空公臣忍勇猛將軍勤習伯
都督六度諸軍事行臺臣進安靜將軍志念
都尉都督觀累諸軍事攝散侯臣禪博通將
軍周物大夫都督洞達諸軍事監照王臣智
行宮謹案臣等聞治靜泰平宄徒有時以興化清
去殺逆黨因之而作是以聞命引狩於九圍遇死
魔於塗山頂生騰輪於六合值貪賊於忉利
故使身滅知威魂散闘越淪蕩他鄉退失尊
位良由內挾姦邪外樹塵軌賞善信功罰乖
臣惡故也自世宗釋迦文皇帝晏駕固林倐
餘千載太子慈氏阿逸多有事兜率未遑紹

襲法城暫空梵輪無主塵域外叛沙門弗亘
遂使三界風驚六天烽起邪徒詭說翻成異
俗僞自在天主賊王波旬稟質昏精體襲邪
氣我慢在心愛結盈慮矯奪慧命竊弄神器
放縱欲界闚闞皇境且其正教陵替內外相
違姊妹同姦千子貳志三女邪蕩遨我上宮
姿態未施自貽伊耄又波旬既習小道頗有
才辯愎諫飾非好是嬰怒不用順子之言專
從佞臣之計伺國間隙乘釁來侵僞結使大
將諸煩惱等因聖道消運鍾八百光音無間
十纏斯作遂陳欲兵於愛海策疑馬於高原
控轡於二見之域馳騁於無明之境值聖則

卷跡高栖遇惡則馳據中區負險重閑觀時
而設或志求榮利假竊權門或含忿威衆專行
毒害意氣稜層固守方寸憍慢邊隅未識正
朔方復假遣七使傳車三障詭宣六條以致
殊俗愚者承教而濯纓智人棄之而澗飲畜
卒候前儲烽候進偽四天大都督五陰魔等
置宅於無始之原卜居於有形之裏浮游於
苦海之中放逸於火宅之畔竊號躬身假署
六腑倫榮瞬息耽樂時顏元首未幾徒役無
筭飢兵始來流川遍野怖士愁人亘山滿谷
同惡相求輯結一方異類群聚阻兵三界偽
署行臺有生賊王死觀兵五道置卒三途在

生逆命處老作寢五衰告期四生應世墮泉
滌杜絶飄炎業力咆㘞不可危以先馳三毒
趑趄策群有而長逝安忍
無親禍連九族威怒互行戮及忠孝方乃忽
聖誣賢欺真枉正陷穽黎元羅絡凡庶妄計
昔空以為已有驟奮之勢謂固同金石者也
以正月三十日黄昏時有一人姓善字知識
從道場來告云賊去此不遠至急翦撲不令
當為大患臣聞此語未遑敬信單駕羊車轉
軍化城深修塹柵自備而已賊方於後夜遣
一使來多貢珍異求結知好臣知此賊勢若
泡焰智計莫出意性狂勃難可親近菲與之
言抱恨而去方多設詭計欲來侵逼即以月

七日向晨出方便门頓解脫處馳信郵以深
入徼群迷以出海纂集三昧以致一壍冀蕩
除五陰戒清諸有賊方恃固一川拒抗皇威
其水弥漫廣深難除又值旋嵐傾勃雹霰瀉
注擊浪揚波海神競涌七等雜類或飛或沉
夜叉守途羅剎決津泝瞽流龍可覆沒善財堪
欲洄泳解不沉溺又臨圻阻涘大築城壘辟
立隍峻險閣唯有一门四垂幽谷一人執戈
萬夫慎思四果怯憚辟易戰慄遂集眾唱識
規望進擊驟度能僉曰或可即勅軍士爲渡
水攻備取諸草木編以爲栰附令抱踏橫波
直進臣等手寀浮囊泝流而往固護無非遂

登彼岸部分將士修備兵車齊心戮力驅馳
往撲即遣安靖將軍領觀畢之卒據散亂之
原又使平忿將軍率洪裕之兵塞怒谷之口
復令賑慧將軍引廣濟之衆截慳貪之路更
勒博通將軍整洞達之士守狂癡之徑督帥
羅張四面交侵積戰告捷不月而三行臺罄
衆慚息不得競進乃催厲六軍置阿惟越地
而餘燼遊魂偷安他化驅率犬羊欲來拒戰
乃假虎咒以為威招熊羆而自衛異首剔面
之徒吐風火而待發擔山戴樹之類方蟻聚
以齊衡希進皇家膺符受命啓土歷劫曡聖
重光享祚無窮先帝鼎湖之日顧命慇懃專

今文德已來不許戰爭而致幕府受詔之初·依勑而行略設六奇斷截而已但狂竪偷張散亡逆節雖遣逸多曉諭都無悛心乃更命將大權徵兵十萬輩未決辰大淨邦土資無畏以嚴身兼衆好而獨拔龍蟠道樹虎視娑婆十號一宣則四八應其言教暫設則二九雲集遂擊法鼓而出三空建慈幢以臨八難·講武大千耀威萬域神戈暫指則魔徒失膽慧劍一揮則群邪俱斃現道身而斬死魔因般若以戮煩惱摧彼旬於不動之林滅五陰於性之境然後覺巢守宛到不到處巡伏陰身者唯一人而已遠

處膏肓非勇力攻及也遂乃竄生死於寂滅
之原滌老病於常樂之境排三障於六通之
衢投十使於薩婆之域元兇既梟首徒黨伏誅
自餘從者並不追問諸有誠心先欵者悉令
解甲去鋒編户民例授以遠号移之樂土爲
拔五箭弁以善醫療除垢病施慧湯藥于時
業風息吹六塵弗起祥雲四舒靈禽翥翼引
八部而自娱嚴四七以守衞垂拱閑堂無爲
而巳大覺天王等好尚風軌志存拔擢授昔
舊謨愨懃諫諍不獲免黙許所奏尒乃開
甘露門出八正道千輻雲迴來儀鹿苑四天
獻器於高掌二商薦肴於兩謂故緣行錄勳

則陳如先封眞諦開賞則耶舍繼襲或朋類
蒙榮或兄弟感澤揖不肖於初果表有德於
十地依准古禮巡省方岳振旅六城治兵八
國理怨於三天之上問罪於九地之下徵英
桀於十中會萬國於鷲岳華長剋臻異士勇
出於是啓寶藏以賑貧窮出三車以給諸子
撫納黔黎寧堵復業乃身安一乘心固盤溪
據林聘水宣揚皇澤依恒說逸召集未賔仁
風帀宇道光遐照四面交通化流無外聽訟
於中路之域決判於寶山之所無量之威遠
震城岳無礙之智洞徹山河故土無二統車
書一軌日月重光天地清朗六萬之衆解長

圜以從正十仙之徒棄大河以就祆不動之賢不遠千里意樂之哲應感而至工人率簞食於尸城捷獸奉壺漿於長源內外剋清表裏咸泰寔由道音四敷餘波東訓主上秉心群僚深敬稟承神規殄兹兇醜豈臣智力所能剋感也冀憑此一勳漸望更進方事前計凱旋未日並露布以聞臣等死罪死罪

平魔赦文

門下首區同源因派異緒窪隆代興信背千途故智勝標宗歷塵劫而尚三燈明啓教經九中而未一況乃邪徒僞見駕剌犢於自然之原結賊妄根御形色於顛倒之境以兹偏

師抗衡中道眷言二三良用憮然自先帝昇
霞寶曆無主淳風漸虧靈教異設僞魔乘間
充斥神邑假變眞容妄談空有驅役四生周
還六趣畔操欲天狼戾愛地毒被邊荒虐流
華夏雖獫狁之侵宗周匈奴之陵炎漢未爲
踰也朕以神昧主自塵劫幼齒參玄弱冠從
政班名於大通之年驅驟於賢劫之下荷百
億之重任忝三界特尊人天樂推無所與讓
遂陟靈壇受茲封禪顧唯多闕有慚庶政明
發孜孜不遑啓處常恨邪境未清正教無一
致使群生沉淪魔境每一撫念用廢寢食遂
命將徵兵以清時難上藉三昧之士下憑六

度之師控清方夏大龕龍荒服故令軍雷動則
三有雲消慈施電馳則四凶面縛降附若塵
生擒萬計唯波旬一人單馬奔迸百道截羅
組繼不久且令五道告清宇外咸一思與天
下同茲福慶可大赦天下與同更始改像教
之号爲即眞之歲自二月八日昧爽已前繼
因見徒悉皆原放若爲四魔所悞浮游三界
犯十惡五逆毀經壞像三世所作一切衆罪
能改過自新者不問往愆若亡命慾山俠藏
姦器百劫不自首者伏罪如初其殺父害君
傷兄蒸毋隨時投竄以息後犯其闡提一人
不在赦書擯罪遥責神速可乗意驛遍告[illegible]

方主者施行
即眞元年二月八日中書令補處王
臣遏多宣
臣文殊等言奉被詔書如右臣聞毀忠謗善
經千葉而不無邪臣逆子歷百代而常有是
以三監流言伏罪於明時五世背道甘誅於
聖世故王威必震慶當於周邦正教暫加福歸
於露鼓伏惟陛下慈兼百王智齊千聖秉瑞靈津
握圖玄化出沒動於大千馳騁應於群有服微形
以引愚迷吼法音以驚聾俗至乃刎身志道釘體
求經析骸貿禽委命降獸捨塵劫之危體收
一生之妙質龍潛四天利見閻浮輕彼七寶

重此一乘徹翫深宮減膳河側去寶冠於菩林貿法衣於獵士故能駕御四禪時乘六度殄服群邪乃於返掌三界無熾然之警四生絕深溺之憂方復情存解網志尚宥愆十八來蘇萬國幸甚謹重申聞請可付外施行謹啓

即真元年二月八日

侍中臣文殊師利　侍中臣薩陀波崙

黃門臣師子吼　黃門臣舍利弗

黃門臣須菩提

平心露布文　擬唯識道行軍府

謹奏平心露布事

擬使持節儀同三司領十二住大將軍唯識

道行軍元帥上柱國晉國公臣般若等言臣
聞四魔放命歷代以之爲鯁五住遊寃含識
因其致患是以三明聖智十力雄尊莫不奮
動徧師頻行薄伐伏惟　陛下秉大慈而啓
運應冥感而赴期奄宅神區光臨法海述前
王之令典演衆妙於圓音考列聖之玄謀會
群生於淨國三千剎土共稟威靈百億類洲
同遵聲教唯有僞心主阿黎耶識擅假名器
叨竊生民跨有軋城綿歷年祀逐窮迷於夢
境長夜不歸縱極亂於空花終年如醉權攀
緣爲蕃屏之任引戲論爲帷幄之臣陷溺黎
元干擾鋒鏑　陛下應眞理物調俗御民念

此鯨鯢愍斯塗炭遂詔臣揚旌色野問罪心庭臣敢効庸虛稟承奇略去四月十六日軍次心境即以其夜初更與賊相見臣於是潛機密會玄羿冥馳集戈舩於六度之津命戎車於一乘之轍屯營三月揚清梵以伸威列陣九旬擊鳴鍾而作氣阿黎耶識固重昏而莫曉執窮計而不移螳螂之拒輪等蜂蠆之含毒乃遣僞恒行大將軍阿陀那識率無明之子弟恃無賴之胥襟據守乹城與臣抗敵又遣僞自性大都督迦毗羅仙僞執此大將軍迦栴延子招引烏合聚結蟻徒摇蕩邊陲激揚聲勢臣遂分布諸將指麾籌策還擬

使持節拔塵大將軍領四念處諸軍事率道
品縣開國公臣求知擬使持節寧境大將軍
領八正道諸軍事通真縣開國公臣如實知
部勒驍雄星流電轉從方便諸道靜緣邊之
界臣求知等尋名討義躡影追蹤乍橫行於
窔室之間或轉戰於隣壼之隟事窮理絕域
盡途殫冥宗所以氷消數論於斯瓦解迦毗
羅等知大乘之有在識玄統之所歸各將羸
卒數千咸來請命臣哀其晚晤許以自新即
令慈悲觀道士畢無緣隨便安養僞諫議大
夫郅諦懷逸群之思負出世之奇將全國以
効忠反危身而被繫臣以此月十五日夜依

中軍之勇氣乘外敵之離心手抗干戈躬先士卒爰命擬使持節兜率大將軍娑婆道招慰大使上柱國翅頭末開國公臣阿逸多擬使持節閻浮大將軍天竺大都督天竺諸軍事上柱國富婁沙開國公臣婆藪槃豆並以道邁三空神遊四辯使其招陽勝負曉諭是非又遣擬使持節平等大將軍兼行軍長史上柱國清涼縣開國公臣正念擬使持節遍滿大將軍兼行軍司馬上柱國常樂縣開國公眞如與臣表裏玄同更相應接于斯時也邊秋氣爽塞月光寒旌旗共雲漢齊高鋒鍔與霜天比淨披弘誓鎧圓通超兩觀而爭前

排千門而並入雖生死無際一念覩其濵涯塵勞有儔須臾見其崩潰僞邪相陳顯爲僕射慮思無計求生闔門自縊僞司空師子鎧僞司隸達磨多羅各擁餘師自嬰深壘狐疑競起情詐萌生忍顚危而不見扶遂淪亡而莫能濟阿陀那與其爲主外無强援內寡深謀師旅困窮城池陷露君臣失色進退無依銜璧叩頭轝櫬待罪臣即梟陀那之首釋邸諦之囚廢彼昏王立其賢嗣方使宗禋不絕永爲茅土之君世德相承恒修職貢之禮於是氛祲開蕩若和氣之泮春冰醜穢殲夷似涼風之捲秋籜六根超絕不開亭障之虞三

界寂寥無復風塵之警斯乃威光遠被士衆
齊心豈臣微劣所能致此不勝慶忭之至謹
遣厚德府別將臣隰重知奉露布馳驛以聞

廣弘明集卷第二十九　　聚

捃拾上居運反採也擻胡的反丘壑下呼各反川｜覊居宜反十也
舛尺軟反差｜屯蹇上知倫反下居輦反昬虐下魚却反暴｜茹而庶
反誌公上音志號令上音号下去聲屠馘下俱麥反｜謂斬首截耳
也屬纊上音祝下若況反以綿侯氣謂之｜｜也懍懍呂錦反｜｜恭
懼酷害上苦篤反貙虎上丑俱反虎文大於狗精銳
貞下而歲反利也驛傳上音亦下知戀反舳艫逐盧二音船方而長名之

丨丨乘舫方下音放雙舟曰丨艒前上音塔刺棹處郢城上盈領反魚
潰下玄對反散也烹宰上普庚反盈組下音阻器也又肉机別名輟筯
上知劣反止也下直慮反溫清下七性反涼也謂孝反父母冬溫夏清也餚饍
上戶交反下時扇反食也謝朏下敷尾普沒二反彥穎上魚箭反下余領反刳心
上音枯剖也嬪侍上音頻宮妃也扁華上蒲犬反扁鵲華他皆古之醫士也
眚所井反災丨也騁丑領反馳丨也窈窕上煙曉反下徒了反丨丨美貞冶
容上音野妖丨逶迤上烏爲反下音移丨丨行貞駿馬上子
閏反惱耳上音叨悅也馞蒲沒反香氣也朧晚上紆阮反氤氳上音
因下紆云反迍否上知倫反下皮美反蹠實上音隻筠于均反竹也
清泠下音零也拊心上芳武反拍也髫齔上音條下昌謹反同前
跉跰上音零下疋丁反丨丨苦辛貞妳媼上女買反下烏老反丨丨乳母也
邃夐下休詠反丨丨遠也陝西上尸染反戍主上尸注反津丨一舸

下古我反船也僅渠鎮反纔也戾止上零帝反狹虜上侯夾反下音魯單
丨也使扞上上聲下音汗禦也靡盬下音古丨丨不堅也逋逃上必蕭反
姘俠下胡帖反遊丨猾玄八反狡也淮淝上音懷下房非反丨丨並水名
藜藋上郎低反下兄郭丨丨野萊也涓塵上俱玄反丨滴蓼莪六俄
二音同前雜沓下唐合反饋奠上求位反薦食也崩潰下玄對反散也
蟭螟蕉冥二音細蟲也列子曰蟭螟生于江浦之間群飛立於蚊睫而蚊即不覺知
其形至微也蚊睫下音捷目毛也鯤鵬昆朋二音海大魚也鵬大
鳥也鸚猩下音生鸚鵡鳥猩猩獸皆能言也過隙下丘逆反壁孔也
燧穀上音遂衘恤下思律反憂丨也陟岵下音
戶山多草木也詩云陟彼岵兮瞻望父兮陟屺下音起山無草木也詩云陟彼屺兮
瞻望母兮昊蒼上胡道反天也噎於結反蒹葭兼加二音荻草之屬颲
音列瞬睒上詩閏反目動也下失染反暫見皃霰先見反雨雪同下也汩音骨

丨沒也孤鶵下助俱反怙音戶詩云無父何怙恃音市詩云無母何恃休
屠下音塗兇奴有丨丨王日磾下音低漢目名金丨丨澧泉上音禮
猗其上於宜反美也又嘆詞也樞音舅楏丨隗通上五每反不撓下音
閙丨凶也諠頤下許嬌反連鑣下必苗反同前竝𢤱下許偃車幪也十
檝下音接船棹也禹穴上音雨丨丨禹王藏靈日五符之處琳球
林求二音並美玉也輈竹由反車轅也輕舠下音刀小舟也上泝下音素逆
流而上也汎瀁上芳犯反下羊向反丨丨水大皃也磕磕苦塔反丨丨石聲也
疊疊音尾正作浘水流皃也嶮峭下七笑反巉絕上助銜反丨嶮也
挽葛上音晚牽丨漫漫二同莫官反颶颶下筆反丨丨反
聲也計稽下音雞珉黎上音萌庶民也迺乃字
瞰苦濫反視也逵草上具龜反蓁芿上側巾反下音仍草盛皃肦
響上許乙反下許兩反遍布也雰霏上音分下音非嘉卉下許鬼反百草

惣名赫弈上許客反下音亦玲瓏靈籠二音奭塏下苦改反開也明也
顯敞下昌兩反跨苦化反紆岊上委于反丨曲也下音節高山也嫙
轉上紆阮反桴磬上音浮磬一也鏘七羊反金玉聲吐溜下力救反水丨
也邐迤上呂尒反下移尒反丨丨連接皃水碓下音對舂丨也侔莫浮
反丨等也漣漪上音連下於宜反丨丨水波也蓊烏孔反丨上也榴音流石丨
橘俱筆反曄曄于輒反丨丨明也砆石上音夫次玉也神賁下音

公嵒嵒吾衘反仙的下正作菂丁歷反蓮子也尒雅曰荷花曰芙蕖根曰
藕子曰芰諶示林反信也嬴德上音盈秦皇姓也擢榦上音濁校
丨也下古旦反拔丨也岧嶤苕堯二音山危皃㟪峗上魯每反下五每反
丨丨山石皃嶔岑欽吟二音山高皃脩聳下息勇反脩長也聳高也眺
他弔反望也眇美小反丨遠也邈眉角反遠也崔嵬上目雷反下吾回反
丨丨山高巃嵸上魯孔反下子孔反山皃頹待回反敞怳上昌兩反

下於往反 石帆 生海石上無葉其莖相貫 瀑布 懸 蒲木反 流也
嵳峩 上昨何反下吾何反 嶤屼 上吾叫反下吾骨反丨丨山危皃
阡綿 千眠二音陌道遠皃 眺 他弔反同前 市鄽 下直連反
巫岫 無神二音山之名也 巫 澄渟 下音亭水止也 頻撓 下尼絞反
以手丨攬也 屢攬 下古巧反 温燠 下於六反暑熱也 歊暑 上許
嬌反暑氣也 醴泉 上音禮甘泉也 蠲痰 上俱玄反徐也 淄水 上側思反
荆榛 上音京下助巾反叢木也 垂讖 下楚禁反萌之説也 未明箴 下音
斟丨誡也 松喬 下渠嬌反高也 林藪 下音叟 鴻鵠 上音紅下胡篤反
白鷴 下音閑 皛 形了反白也 弈 夷益反火也 素翮 下閑鬲反翼也
溪圻 下魚巾反丨岸 熊 音雄獸 麀鹿 上音憂雌鹿也 狎兎 上胡甲反
彭鏗 下苦耕反彭老名也 墟 起虚反聚落名 白藁 下古老反 黄
蔔 下芳伏反蔓生子可食也 楂梨 上側加反似梨味酸 柿柰 上音

仕枳椇上居只反下俱羽反廣志云｜｜似白楊實甘如蜜冬熟生南地林
檎下音禽侔音牟齊也萍實上音瓶楚王渡江得｜｜大如斗
蘡薁上一盈反下於六反藤生似蒲桃胡頹下徒回反似車前草
緑棎下市廉反似柰味酸生江南紫芋下于句反枇杷上音
毗下步麻反果子名椎栗上質追反木名子似栗而細下力吉反炫炫音縣
明也青荄下古哀反草根也禦音語蓊鬱上烏孔反｜｜蘩盛也檀
欒壇鸞二音木名篠上蘇了反細竹簕桂上音斤下古惠反竹名檐
牖簷酉二音郁毓上於六反下余六反攢自官反｜聚恒勁下居政反
健也颯颯思雜反風聲也蟬吲下尸忍反蟬噪鳴也蟋蟀上思
書反下所律反秋蛩也叫嘯下蘇弔反嗈紆恭反邕鳥鳴也鵾鷄
上音昆啁哳上竹交反下竹八反鳥聲也濯纓上音濁｜洗也下一盈反
冠｜也古詩曰滄浪之水清可以濯我纓滄浪下音郎遺躅下直欲反

走也抽簪下側參反冠|脂車上旨夷反||以膏脂灌車軸使其滑之也
秣駟上音末以粟飼馬謂之||也廣廡下音武郞|也跢蹰馳厨二音
繡栭秀而二音||雕畫梁上枡栱緹柱上音題深紅色也承隅下音
懸屋角也飛陛下蒲米反階道峻岐上私閏反高|也下渠移反路|也欄
下簷字同眄音麵視也瀼瀼而羊反露濃皃盥泉上音貫反
系胡計反軒轅下音園|黃帝號洪霚下羊逝反苗|靈液音亦
乃津也滂流上普壯反踵姬上之勇反繼也下居之反周代也築花
上音材暨其器反及也明叡下羊歲反聖也刋苦寒反|
刻也煥炳喚丙二音明也綴知衞反瞪對上直證反
定視之良闢毗益反開也華園下音又苑|也爽塏
下苦改反同前枕平上之禁反蒭蕘上昌具反下而昭反||草薪
也縉雲上音進禪儲上時扇反授位也下音除副君也躁則到反

抵羅上音底剗丨初眼反削也宵寘上煙曉反上作杳丨丨深
遠皃寂怕下疋陌反恬惔上徒添反下徒敢反豁上呼活反闃寂上傾
役反羈絆上居宜反下音半悠漫上音由下莫千反丨丨遠
也曖以上音愛溫和皃輝煥下音喚渾昪上胡本反共壑下呼
各反川丨泒疋賣反環玔上音還昌戀反下漣漪上音連下
於宜反覿徒的反見也伶俜上音零下疋丁反戲欷上音
虛下許既反潰玄對反散也簣求位反盛土籠也輪囷下丘云反粉
續下玄對反畫也青緌下而誰反冠纓也笳音加卷蘆葉吹之帷幄
於角反珪璋圭章二音神別下并列反躡尼輒反䂓重上俱弥反
下平聲矩疊上俱羽反規矩軌則之理也浩瀁上胡道反下余向反丨丨
水大皃也窅然上煙曉反叫窱下他弔反丨丨深遠皃淩沼上私閭反
深丨⿱山剡⿱山施上吕介反下與介反山高下皃貏豸上蕭買反下宅置反獸名令取

硱磳上丘與反下助陵反石貌詘詭上音屈下過委反坂墀反遲二音巀嶭上才割反下吾割反丨丨山貌谿壑上溪字下呼各反泓澄上烏萌反丨丨水清貌虹蝃紅帝二音陰邪之氣也碝石上音軟次玉也玉摛下丑知反舒也香楓下音風木名篔簹貟當二音竹名的皪下音曆垂蓤下子紅反木細枝也潗濘上音頂下乃滇反杳溟上煙曉反下莫經反嵯峨上昨何反下吾何反漾羊向反雀艇下亭頂反小舟也鸀鶞上音獨下詩容反似雉鳩相呼俗去倒懸鳥是也鷗杳烏侯反鸊鷉上匹覓反下湯兮反似鳧而小也錢荇下戶猛反水菜菱花上音陵菡萏上胡感反下徒感反

蓮花半開也葩疋麻反花也硉矹上郎骨反下吾骨反石崖高貌遺沲上徒罪反下徒可反沙水往來貌曰丨丨離簁下所宜反紅蝦音遐青綸下俱頑反草青絲生於海岸蓑折上蘇和反下音

舌碧組下普祖草名生東海水岸也鬖髿二字舊音鬖沙未詳所出不知
何義石鯨下巨京反園籞下音語水岸編竹籬以養禽鳥髣像上芳罔反
闢眦益反開也熠燿上余習反下羊照反鍛閃上力涂反紗嶼下音
序水中島丨粲七案反天瀆音黃河也曭朗上他朗反丨丨日不明也
北圃下手韮反圃丨叶韻用香馝下蒲結反流馥下音伏
敗㒵音目細貟胡笳下音加同前燕筑煙竹二音燕地名筑

擊丨而歌也蹋鞠上徒臘反下渠六反毛丸也亦謂之蹴毬紫複
下音福睟私遂反覘也亹亹音尾丨美也踰繫上羊
朱反越也下胡計反周易有繫詞軑音大車轄也軾音識車前橫木穰穰
而羊反倏虹上音叔丨忽也下音紅蜆丨也過隙下丘逆反壁孔也
驥居異反馬也敞昌兩反傳⿰酉昜下音傷酒器也亦作觴
燔炙煩隻二音燒也燕姬上音煙下居之反女丨也寥亮上音

寮下力向反鏗鏘上口耕反下七羊反藍縷上正作繿郎含反下呂主反
田蠶下俗作蚕正作蠶碎繒下自陵反丨綵也忩忽二同七紅反
後胤下羊鎮反丨嗣也听然上許謹反矯張上居小反丨詐
井蛙下烏瓜反蝦蟇也鯤音昆海大魚也爝火上音雀又子約反炬
火也鷦鷯焦寮二音同前鵬音朋同前㟝嶁上蒲口反下盧斗反
丨丨小皁也酣酒上戶甘反愛酒也耽醉也紛攘下汝兩反丨
亂皃也桎梏上音質下古篤反杻械別名也巑岏上在官反下愚官反山皃
也令似取剸割之理鞅掌上於兩反主也磣毒上七錦反胥衿下音今正
作襟儱悷上吕孔反下零帝反丨丨難調伏皃苛剋上胡可反虐也貪忒
下他得反差也溘斷上苦合反忽也倒匐正作仆蒲北反其肋下音勒脇
丨也方冒下音墨千也誰告下古篤反嵯峨上昨何反菉蔟上音
鹿下七木反滂沲上普忙反下音陁流多之皃戚降下戶江反偪之葉

反驚|也脫屣下所綺反鞋|也謂棄俗塵如脫|也抽簪下側蔘反棄官

也郄超上丘逆反聽疋併反|問也封纖下求衣反||

王者內地也抗衡上苦浪反下戶庚反|蹴踖上子六反下子

昔反||敬皃也臧否上子郎反音鄙善也江芄下音九

遘閔上古候反|遇也下音敏傷也躑躅上直亦反下直欲反

舉足皃進之皃顥顥胡道反||氣白皃也結縎下音

骨||不解也憫憐上音敏憂|惸具營反孤獨之謂也內圮下皮美反

毀也悼音盜傷也鑠詩若反銷|也覬居利反望也竚直呂反|立也擢

秀上音濁拔|也郯逢上音談孟陬下子侯反鬯音暢梧楸吾秋

二音木名岐嶷上巨移反下宜力反幼而有識曰||睨吾禮反視也多

怊下音超悵恨也髣髴上芳罔反下芳未反隕欷上音羽敏反下許既

反||下淚流嘆也下壤下汝兩反土也傃音素向也上旻下音天也闇

擗慄上毗益反撫心也下良吉反憂慼也誰弭下弥尒反安也息也江潯下音尋地名纁黃上兄去反深紅色也葆驥上音保羽丨也皷吹之飾也能要下音邀愆去乾反罪也冠組下音祖丨綬也素絖下惠官反黼衣上音甫同前鏘七羊反龍驤下息羊反龍躍也金羈下居宜反採摭下音隻丨拾也

老耼下土甘反老子名嘉遁下徒困反隱也搢紳下進申二音

恧然上尼六反慙也檄胡的反劋子小反絶也逋誅上必蒲反鷹跱直里反丨立也噬下音逝丨齧暨其器反及也遏烏割反止也瘼音莫病也原燎下力照反燒也掩撲下疋木反手挈下苦結反餚户交反丨食也曦上興宜反日也迭徒結反昬痼下音故韞紆粉反藏也宏基上惠萌反丨大也巨犉下而春反牛也戢阻澁反戢也纂子管反繼也舋許近反禍也桀起上音竭綏之上音雖安也蕞

尒上乎外反小小之皃竇融上音豆下余弓反梟斬上古堯反正作県倒懸其
首也曩乃黨反昔也絃綱上惠萌反下音岡||綱也慧
柯下音歌斧柄也梟鏡上古堯反下之伊甲字壇場壒
二音界也忏忤上音千下音悟塵撓下女巧反鼕鼕徒冬
反||鼓聲殄喪上徒典反滅也下思浪反僥然上古堯反|幸也
陵墟下丘居反篡奪上初患反捉鞙下玄犬反刀室也都督下音
篤作揚鑣下必苗反虎眄下音麪視也慷慨上苦朗反下苦愛反
矚音燭視也|濛汜蒙似二音水名日落之處叱吒上昌吉反下竹嫁反
呵也頹崿上徒回反墜也下吾各反山也彎烏還反引弓也
竄倉弄反逃|也羣雋下俊字抱土上步交反手|
把火上或誤作犯騋順上音婦又音來法蠡螺字夏桀下渠
列反商紂下直九反崎嶇上丘宜反下丘俱反三槩下古愛反

禾莠下音酉草似禾也迅目上私閏反仰眺下他弔反望也
寱語上魚計反睡中語也侵叛下音畔丨背也豹變上必
皃反悲泱下子怗反姦猾下玄八反猜忌上七才反鐏俎
尊阻二音狼噬下音逝梟鳴上古堯反伯勞鳥也國憲下音獻法也天
璽下斯紫反天子王印也伶俜上音靈下疋丁反發憤下房粉反怒也拉
虎上郎合反摧丨沓灕上唐合反下徒何反水溢沆沙動淫來皃也惚恍上兄勿反

下兄往反俗作怳之卒下祖没反卒丨昱爍上余六反下音藥光明皃弓
戟下居逆反磵響上澗字也抒陣上音序又神呂反除也抒韠上直
呂反下音詎剪掠下音略丨驃騎上毗妙反下巨計反武職名
龍蟠下音盤伉儷上口浪反下零帝反漬在智反浸丨
鴆毒上直禁反嚴毅下魚既反勇丨賄城上呼每反財丨
殞跡上初産反丨削也疑戍下詩注反兀焉上吾骨反纂子管

反繼也駿駃上子閏反下徒結反螳蜋堂郎二音草蟲名盜跖下音
隻古之盜人名賑惠上震軫二音以財濟分也挾胡怗反懷丨也烽起上音
峯丨火闚覦上傾弥反下羊朱反望也伊耋下徒結反愎諫上皮力反
頑丨也奰怒上音備丨亦怒也間隙下丘逆反絫疊
下許近反假寐下密二反和衣而睡謂之丨也稜層上郎登反
瞬息上詩閏反輯結上音集壅塞上紆拱反咆勃上步交反
下蒲没反危脆下取歲反趑趄上七咨反下七余反丨丨行不進皃筴羣
上初陌反誣賢上音無謗也陷穽上鑿斬反下音淨坑也驟助瘦
反疾也剪撲下疋木反塹柵上七焰反坑丨下乂陌反木牆也信郵
下音尤驛舍也雹霰上蒲角反下先見反淜泳上皮陵反下音詠拍
浮渡水曰丨也臨圻下魚斤反丨涯阻涘下音俟水岸也壘壁上呂
水反砌丨也隍峻上音皇城池也下私閏反深丨戰慄下良吉反悚抱

蹹下徒答反亦作蹋 愬流上音素正作泝逆流也 勠力上音六併力也
或作戮 往撲下疋木反 督師上音篤下所類反 餘
燼下詞刃反 虎兕下音詞姑反野牛也丨 熊羆二音雄碑
並名獸 享祚上許兩反下才故反 張㑥下竹由反狂也 悛心
上七全反改也 龍蟠下音盤 失膽下丁敢反 斃武帝反死皃也 膏肓
高荒二音同前 竄麤筭反丨也 僥古堯反丨 翥翼上之庶反飛也 拔擢
濯下音 薦肴下力交反食也 不肖下音笑丨似也 華萇下音長 賑
貧上軫振二音同前 黔黎上巨兼反黑首民也 寧堵下音覩不遷移謂之
丨丨晒水上音麵 簞食丹寺二音簞盛食竹器也 壺漿上音胡丨 凱
旋上口改反 泒疋流丨責反 窪隆上烏瓜反丨下也隆起也丨 充
斥下音尺 獫狁險允二音北狄兇奴 炎漢上于廉反 孜孜音茲 龕
諳含堂反 生擒音禽捉也丨 奔迸下必孟反散也 組繼上音

挾藏上胡怗反 自首下去聲 宥罪上音右放丨也 刎身上武粉反斷也 析骸上先擊反分也 貿鬻上莫候反換丨也 綆加猛反 藩屏翻餅二音 帷幄下於角反 鋒鏑峯的二音利也 鯨鯢上巨京反下魚兮反 螳螂堂郎二音 蜂蠆下丑芥反 指麾下許爲反 驍雄上古堯反 隙丘逆反 殫音丹盡也 羸卒上力垂反下祖没反 䎸音悟 郅音質 翅頭上施智反城名 鏠鍔下吾各反利也 崩潰下玄對反散也 闔門上胡塔反 自縊下一義反自經曰丨 強援下音院丨助也 舉櫬上音余下昌近反棺丨也 邸諦上音底 宗禋下音因丨祀也 氛祲上扶分反下子心反妖氣也一音浸 荒裔下羊丗反邊丨 姜水上音薑 祉邁上音恥福丨也下莫敗反 磐石上音盤 揆曰上求癸反 几席上居矣反 作孚下芳無反信也 庇萌上畀二反廕也下音盲田民也 聊音寮略也 殫音丹盡也 宏博上惠萌反大也 逞功上丑領反 麋賁上密碑反

茅莢上莫交反下在沓反倏麗上昌介反嘯吒上蘇弔反吟丨也下竹嫁
反比丨也肸響上許乙反下許兩丨丨遍布也功伴下音半等也陛
跍下音户陟屺下音起隙影上丘逆反壁孔也穹昊上丘弓反
下胡道反丨丨天也之援下音院丨助也呑噬下音逝丨齧奮發上方
問反疚懷上音救愀然上七小反泮音判氷散也殲夷上子廉反
丨盡也刺殺也秋籜下音託百木落葉也隰重上音習虧豈惟反悄
他力[illegible]勃音孛

廣弘明集　第三十

聚十　四百七十八

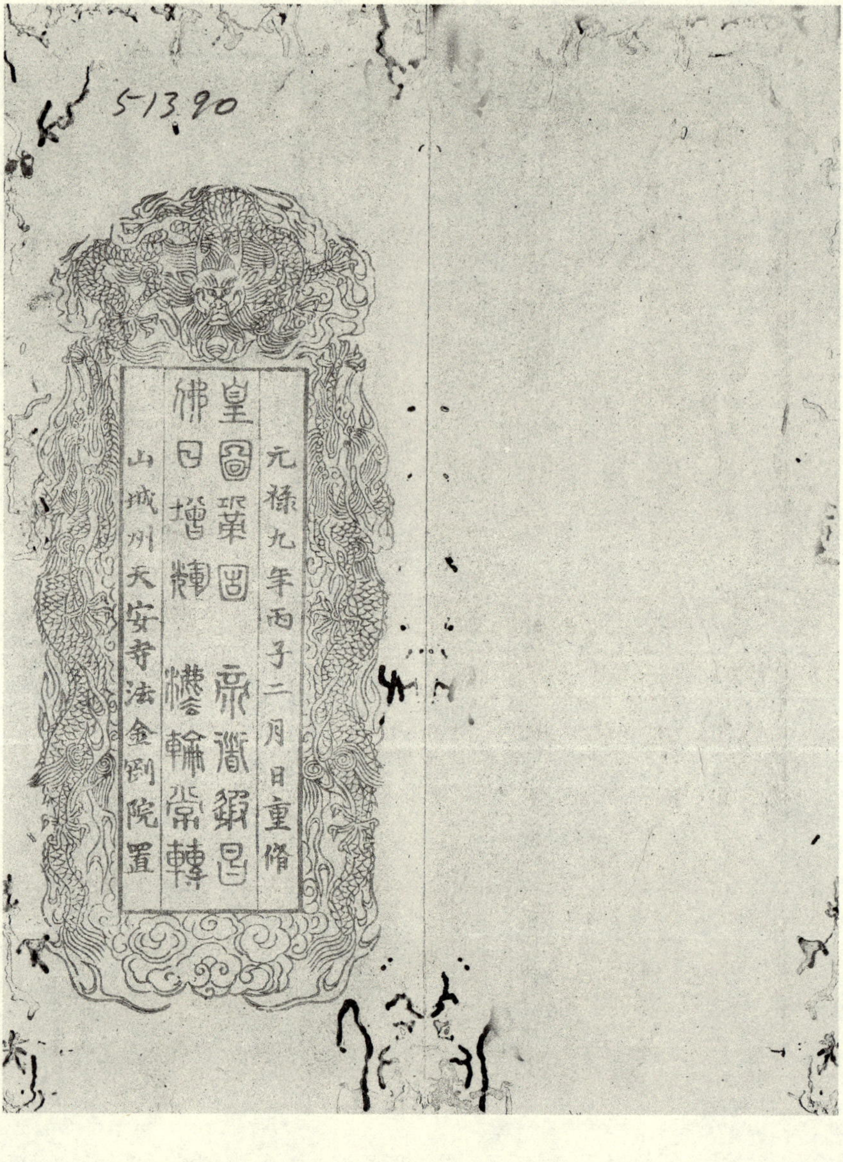
5-13.90
元祿九年丙子二月日重脩
皇圖鞏固　帝道遐昌
佛日增輝　法輪常轉
山城州天安寺法金剛院置

廣弘明集卷第三十　褱十

唐終南山釋氏　道宣撰

統歸篇第十

晉沙門支道林讚佛詩八首

晉沙門支遁詠懷大德禪思山居詩

并述懷十首

晉沙門釋慧遠念佛三昧詩序

晉王齊之念佛三昧詩

并佛菩薩讚

齊王元長法樂歌詞十二章

齊王融栖玄寺聽講遊邸園共七韻應

司徒教一首

梁武帝述三教詩

梁昭明開善寺法會詩

梁簡文望同泰浮圖詩 并和五首

梁簡文詠五陰識支

梁劉孝綽百論捨罪福詩

梁簡文蒙華林園戒詩

梁簡文預懺直疏詩 并和五首

梁昭明講訖賦三十韻詩

梁簡文出興業寺講詩

梁元帝和五明集詩

梁昭明鍾山解講諸人和詩

梁皇太子八關夜述遊四城門詩 并和

梁簡文遊光宅寺詩

梁簡文敍幽述志詩四首

梁沈隱侯臨終遺上表

陳沈炯遊天中天寺詩一首 應令

陳沈炯同庾肩吾周處士弘讓遊明慶寺詩一首

隋煬帝捨舟登陸示慧日道場玉清玄壇德衆一首

宋謝靈運臨終詩

陳沙門釋智愷臨終詩

陳何處士遊山寺并雜詩 四首

陳姚察遊明慶寺悵然懷古

陳尚書令江總遊攝山寺詩 并序和七首

陳江令遊虎窟山寺詩 并和

北齊盧思道從駕大慈照寺詩 并序

陳張君祖雜詩三首 并讚和

周沙門釋亡名五苦詩六首

隋煬帝遊方山靈巖寺詩 并和

隋煬帝升樓望春燈詩 并和

隋著作王胄述淨名詩

隋薛道衡入鳳林寺詩

梁開善寺藏法師奉和武帝三教詩一首

唐文帝遊并州大興國寺二首

今上遊京師大慈恩寺 并和

唐常州宣法師詠高僧

唐宣法師遊東山尋殊曇二法師

四月八日讚佛詩

東晉沃州山沙門支道林

三春迭云謝首夏含朱明祥祥今日泰朗朗
玄夕清菩薩彩靈和眇然因化生四王應期
來矯掌承玉形飛天鼓弱羅騰擢散芝英綠
瀾頹龍首縹蘂翳流泠芙蕖育神葩傾柯獻
朝榮芳津霧四境甘露凝玉瓶珍祥盈四八
玄黃曜紫庭感降非情想恬怕無所營玄根
民靈府神條秀形名圓光朗東旦金姿艷春
精含和揔八音吐納流芬馨跡隨因溜浪心

與大虛寘六度啓窮俗八解濯世纓懸澤融
無外空同忘化情
詠八日詩三首
大塊揮冥樞昭昭兩儀映萬品誕遊峷澄清
凝玄聖釋迦乘虛會圓神秀機正交養衝恬
和靈知溜性命動為務下尸寂為無中鏡

真人播神化流渟良有因龍潛兜術邑漂景
閻浮濱佇駕三春謝飛轡朱明旬八維披重
譪九霄落芳津玄祇獻萬舞般遮奏伶倫渟
白凝神宇蘭泉渙色身投步三才泰揚聲五
道泯不為故為貴忘奇故奇神
緬哉玄古思想託因事生相與圖靈器像也

像彼形黄裳羅帕質元服拖緋青神為恭者
慧跡為動者行虚堂陳樂餌蔚然起奇榮疑
似垂獻微我諒作者情於尋遺所尚肅心擬

太清

五月長齋詩一首

炎精育仲氣朱離吐凝陽廣漢潛涼變凱風
秉和翔令月肇清齋德澤潤無疆四部欽嘉
期潔已升雲堂靜晏和春暉夕惕厲秋霜肅
條詠林澤恬愉味琡倍逸容研沖賾綵綵運
宮商匠者握神標秉風吹玄吾淵汪道行深
婉婉化理長亹亹維摩虚德音暢遊方皐窂
妙傾玄絶致由近撼略略微容簡八言振道

綱掇煩練陳句臨危折婉章浩若驚飆敢罔
若揮夜光寓言豈所託意得筌自喪霑濡妙
習融靡靡輕塵亡蕭索情牗穎寥朗神軒張
誰謂冥津遐一悟可以航願爲海遊師楫柂
入滄浪騰波濟漂容去歸會道場

八關齋詩 并序

間與何驃騎期當為合八關齋以十月二十
二日集同意者在吳縣土山墓下三日清晨
為齋始道士白衣凡二十四人清和肅穆莫
不靜暢至四日朝衆賢各去余既樂野室之
寂又有掘藥之懷遂便獨住於是乃揮手送
歸有望路之想靜拱虛房悟外身之真登山

採藥集巖水之娛遂援筆染翰以慰二三之情

八關齋詩三首

建意營法齋里仁契明儔相與期良晨沐浴造閑丘穆穆升堂賢皎皎清心修窈窕八關容無揵自綢繆寂默五習真亹亹勵心柔法鼓進三勸激切清訓流悽愴願弘濟闔堂皆同舟明明玄表聖應此童蒙求存誠夾室裏三界讚清休嘉祥歸宰相藹若慶雲浮

三悔啓前朝雙懺暨中夕鳴禽戒朗旦備禮寢玄役蕭索庭賓離飄颻隨風適踟躕岐路嵎揮手謝內析輕軒馳中田習習陵電擊息

心投佯步零零振金策引領望征人悵恨孤
思積咄矣形非我外物固已寂吟詠歸虛房
守真玩幽賾雖非一往遊且以閑自釋
靖一潛蓬廬愔愔詠初九廣漠排林篠流飆
灑隙牖從容遐想逸採藥登崇阜崎嶇升千
尋蕭條臨方畝望山樂榮松瞻澤哀素柳解

帶長陵岥婆婆清川右泠風解煩懷寒泉濯
温手寥寥神氣暢欽若盤春藪達度冥三才
怳惚喪神偶遊觀同隱丘愧無連化肘

詠懷詩五首

傲兀乘尸素日往復月旋弱喪困風波流浪
逐物遷中路高韻溢窈窕欽重玄重玄在何

許採眞遊理間苟簡為我養逍遥使我閑寥
亮心神瑩含虛映自然亹亹沉情去彩彩沖
懷鮮踟躕觀象物未始見牛全毛鱗有所貴
所貴在忘筌
端坐鄰孤影眇罔玄思劬偃蹇收神轡領略
綜名書涉老咍雙玄披莊玩太初詠發清風
集觸思皆恬愉俯欣質文蔚仰悲二匠徂蕭
蕭柱下迴寂寂蒙邑虛廓矣千載事消液歸
空無無矣復何傷萬殊歸一塗道會貴冥想
罔象掇玄珠悵怏濁水際幾忘映清渠反鑒
歸澄漠容與含道符心與理理蜜形與物物
踈蕭索人事去獨與神明居

睎陽熙春圃悠緬歎時往感物思所託蕭條
逸韻上尚想天台峻髣髴巖堦仰泠風灑蘭
林管瀨奏清響霄崖育靈藹神疎含潤長丹
沙映翠瀨芳芝曜五爽苕苕重岫深寥寥石
室朗中有尋化士外身解世網抱朴鎮有心
揮玄拂無想隗隗形崖頹冏冏神宇敞宛轉

元造化縹瞥鄰人象願投若人蹤高步振策
杖閑邪託靜室寂寥虛且真逸想流巖阿朦
朧望幽人慨矣玄風濟皎皎離染純時無悶
道雖行歌將何因靈溪無驚浪四岳無埃塵
余將遊其嵎解駕輟飛輪芳泉代甘醴山果
兼時珍脩林暢輕跡石宇庇微身崇虛習本

照損無歸音神睃睃煩情故零零沖氣新近
非域中容遠非世外臣惵怕為無德狐哉自
有隣坤基葩簡秀乹光流易穎神理速不疾
道會無陵騁超超分石人握玄攬機領余生
一何敢分不諮天挺沉無冥到韻變不揚蔚
炳冉冉年往逡悠悠化期永翹首希玄津想
登故未正生途雖十三日已造死境顛渴無
身道高栖沖默靖

述懷詩二首

翔鸞鳴崑崿逸志騰冥虛惚怳迴靈翰息肩
棲南嵎濯足戲流瀾採練銜神蘂高吟瀨芳
醴頡頏登神梧蕭蕭掎明翮眇眇育清軀長

想玄運庚傾首俟靈符河清誠可期戢翼令
人劬
總角敦大道弱冠弄雙玄逡巡釋長羅高步
尋帝先妙損階玄老忘懷浪濠川達觀無不
可吹累皆自然窮理增靈薪昭昭神火傳熙
怡安沖漠優游樂靜閑膏腴無爽味婉孌非
雅弦恢心委形度亹亹隨化遷

詠大德詩一首

遐想存玄哉沖風一何敝品物緝榮熙生塗
連惚怳既喪大澄真物誘則智蕩音聞庖丁
子揮戈任神往苟能嗣沖音攝生猶指掌乘
彼來物間投此默照朗邁度推卷舒忘懷附

罔象交樂盈胸襟神會流俯仰大同羅萬殊
蔚若充甸綢寄簇海驅鄉委化同天壤

詠禪思道人

孫長樂作道士坐禪之像并而讚之可謂因
俯對以寄誠心求參焉於衡扼圖巖林之絶
勢想伊人之在兹余精其制作美其嘉文不
能默已聊著詩一首以繼于左其辭曰
雲岑竦太荒落落英巒布迴壑佇蘭泉秀嶺
攢嘉樹蔚薈微遊禽峥嶸絶蹊路中有沖希
子端坐摹太素自強敏天行弱志慾無欲喻音
玉質陵風霜淒淒厲清趣指心契寒松綢繆
諒歲暮會衷兩息間綿綿進禪務投一滅官

知攝二由神遇柔蜩累危九果十亦凝注懸想元氣地研幾革麁慮冥懷虎震驚怕然肆幽度曾筌攀六淨空同浪七住逝虛乘有來永為有待馭

詠山居一首

五岳盤神基四瀆涌蕩津動求目方智默守標靜仁苟不宴出處託好有常因尋元存終古洞往想逸民玉罍其巖下金聲瀨沂濱捲華藏紛霧振褐拂埃塵跡從尺蠖屈道與騰龍伸峻無單豹伐分非首陽真長嘯歸林領蕭灑任陶鈞

念佛三昧詩集序

晉盧山釋慧遠

序曰夫稱三昧者何專思寂想之謂也思專則志一不分想寂則氣虛神朗氣虛則智恬其照神朗則無幽不徹斯二乃是自然之玄符會一而致用也是故靖恭閑宇而感物通靈御心惟正動必入微此假修以凝神積習以移性猶或若茲況夫尸居坐忘冥懷至極智落宇宙而闇蹈大方者哉請言其始菩薩初登道位甫闚玄門體寂無為而無弗為及其神變也則令脩短革常度巨細互相違三光迴景以移照天地卷而入懷矣又諸三昧其名甚衆功高易進念佛為先何者窮玄極

寂尊号如來體神合變應不以方故令入斯
定者昧然忘知即所緣以成鑒鑒明則內照
交映而萬像生焉非耳目之所暨而聞見行
焉於是覩夫淵凝虛鏡之體則悟靈相湛一
清明自然察夫玄音之叩心聽則塵累每消
滯情融朗非天下之至妙孰能與於此哉以
茲而觀一覬之感乃發久習之流覆豁昏俗
之重迷若以疋夫衆定之所緣固不得語其
優劣居可知也是以奉法諸賢咸思一揆之
契感寸陰之頹影懼來儲之未積於是洗心
法堂整襟清向夜分忘寢夙宵惟勤庶夫貞
詣之功以通三乘之志臨津濟物與九流而

同往仰援超步拔苐之興俯引弱進垂策其
後以此覽衆篇之揮翰豈徒文詠而已哉
念佛三昧詩 四言
瑯琊王齊之
妙用在兹涉有覽無神由昧徹識以照麤積
微自引因功本虚泯彼三觀忘此毫餘
其一
寂漠何始理玄通微融然忘適乃廓靈暉心
悠緬域得不踐機用之以沖會之以希
其二
神資天凝圓映朝雲與化而感與物斯群應
不以方受者自分寂尒淵鏡金水塵紛

其三

慨自一生夙之慧識託崇淵人庶藉真力思

轉毫功在深不測至哉之念注心西極

其四

薩陁波崙讚 因畫般若臺隨變立讚等

密哉達人功玄曩葉龍潛九澤文明未接運

通其會神疎其轍感夢魂交啓茲聖哲、、

薩陁波崙入山求法讚

激響窮山憤發幽誠流音在耳欣躍晨征奉

命宵遊百慮同冥叩心在誓化乃降靈

薩陁波崙始悟欲供養大師讚

歸塗將啓靈闕再闢神功難圖時損而益信

道忘形歡不期適非伊哲人孰探玄策

曇無竭菩薩讚

亹亹淵匠道玄數盡譬彼大壑百川俱引涯不俟津塗無旋軫三流開源於焉同泯

諸佛讚 因常幡念佛為現像靈

妙哉正覺體神以無動不際有靜不降虛化而非變象而非摹映彼真性鏡此群麤

法樂辭十二章　齊王元長

天長命自短世促道悠悠禪衢闊遠駕愛海亂輕舟累塵曾未極心樹豈能籌情埃何用洗正水有清流

右歌本起

百神肅以度三靈震且越恒耀搖芳宵薰風動蘭月丹柴藻玉墀翠羽文朱闕皓毳非虛來交輪皇徒發

右歌靈瑞

韶年春已仲明星夜未央千祀鍾休曆萬國命嘉祥金容涵夕景翠鬢佩晨光表塵維淨覺凡俗乃輪皇

右歌下生

襲氣變雜宮重樓警層殿曼響感心神修容晨驪宴生老終以縈病死行當蕁方為淨國遊皇結危城戀

右歌在宮

春枝多病夭秋葉少欣榮心骸終委滅親愛
暫時生長風吹北隴迅瀑急東瀛知三既情
暢得一乃身貞

右歌四遊

飛策辭國門端儀偃郊樹慈愛往相思中閨
空變慕夙隸乖往塗駿足獨歸路舉袂謝時
人得道且還去

右歌出國

明心弘十方寂慮通四禪青禽乘逸軌文驪
鏡宣川鷲巖標遠勝鹿野寃清玄不有希世
寶何以導濛泉

右歌得道

亭亭宵月流朏朏晨霜結川上不徘細條閒
函渝滅靈智湛常然俯應有盈欽感運復來
儀且厭人間世 音泄

右歌雙樹

春山玉所府檀林芳所棲引火歸炎燧挹水
自清湜奄園無異轍祇舘有同儕比肩非今

右接武皇讌齊

右歌賢衆

昔尒輕歲月茲也重光陰聞中昇鉛黛闕下
挂纓簪禪悦兼芳旨法喜忘清琴一異非能
辯寵辱誰為心

右歌学徒

峻宇臨層穹苕苕疎遠風騰芳清漢裏響梵
高雲中金華紛苒若瓊樹鬱青葱貞心延淨
境遠業嗣天宮

石歌供具

影響未嘗隔晦明殊復親弘慈迫已遠睿后
扇高塵區中視景福宇外沐深仁萬祀流國
祚億兆慶唐民

石歌福應

栖玄寺聽講畢遊邸園共七韻應司徒教

齊王融

道勝業茲遠心閑地能隙桂橑鬱初栽蘭墀
坦將闢虗檐對長嶼高軒臨廣液芳草列成

行嘉樹紛如積流風轉還逕清煙泛喬石日
泊山照紅松映水華碧暢哉人外賞遲遲春
將夕

述三教詩一首　梁武帝

少時学周孔弱冠勤六經孝義連方冊仁恕
滿丹青踐言貴去伐為善在好生中復觀道

書有名與無名妙術鏤金版真言隱上清密
行遺陰德顯證在長齡晚年開釋卷猶月映
衆星苦集始覺知因果方昭明示教唯平等
至理歸無生分別根難一執著性易驚窮源
無二聖測善非三英大椿徑億尺小草裁云
明大雲降大雨隨分各受榮心想起異解報

應有殊形差別豈作意深淺固物情

開善寺法會詩一首　梁昭明太子

栖烏猶未翔命駕出山莊詰屈登馬嶺迴互入羊腸稍看原藹藹漸見岫蒼蒼落星埋遠樹新霧起朝陽陰池宿早鴈寒風催夜霜茲地信閑寂清曠唯道場玉樹琉璃水羽帳鬱金牀紫柱珊瑚地神幢明月璫牽蘿下石磴攀桂陟松梁澗斜日欲隱煙生樓半藏千祀終何邁百代歸我皇神功照不極叡鏡湛無方法輪明暗室慧海渡慈航塵根久未洗希霑垂露光

望同泰寺浮圖詩　并和五首

梁簡文

遥看官佛圖帶壁複垂珠燭銀踰漢女寶鐸
邁昆吾日起光芒散風吟宫徵殊露落盤恒
滿桐生鳳不鶴飛幡雜晚虹（音絳）畫鳥狎晨凫
梵世陵空下應真蔽景趨帝馬咸千轡天衣
盡六銖意樂開長表多寶現金軀能令苦海
渡復使慢山踰願能同四忍長當出九居

聚 廣弘明集卷三十 十四

王訓奉和

副君坐飛觀城傍屬大林壬門雖八達露塔
復千尋重櫨出漢表層拱冐雲心崑山彫潤
玉麗水瑩明金懸盤同露掌垂鳳似飛禽月
落簷西暗日去柱東侵反流聞脊屬搦翰勤

神襟願託牢舟友長免愛河深

王臺卿奉和

朝光正晃朗踴塔標千丈儀鳳異靈鳥金盤
代仙掌積栱承彫桷高簷挂珠網寶地若池
沙風鈴如積響刻削生千變丹青圖萬象煙
霞時出没神仙乍來往晨霧半層生飛幡接
雲上遊蜺不敢息翔鵾詎能仰讚善資哲人
流詠歸明兩願假舟航末彼岸誰云廣

庾信奉和

迢迢陵太清照殿比東京長影臨雙闕高層
出九城栱積行雲礙幡搖度鳥驚鳳飛如始
泊蓮合似初生輪重對月滿鐸韻擬鸞聲畫

水流泉注圖雲色半輕露晚盤猶滿珠朝火更明雖連傳望死還接銀沙城天香下拄殿仙梵入伊笙庶聞八解樂方遣六塵情

夜望浮圖上相輪　梁簡文

光中辯垂鳳霧裏見飛鸞定用方諸水持添承露盤

賦詠五陰識枝詩　梁簡文

澆淳混神因心形復依色欲浪逐情飄愛網隨心織鑄金雖改狀斬籌方未極鴿觀既無辯猿攀此奚息

賦詠百論捨罪福詩　劉綽

尋因途乃異及捨趣猶并苦極降歸樂樂極

苦還生豈非輪轉愛皆緣封著情一知心相
濁樂染法流清
蒙華林園戒詩　　梁簡文
庸夫耽世樂俗士重虛名三空既難了八風
恒易傾伊余久齊物本自一枯榮弱齡愛箕
潁由來重伯成非爲樂肥遯持是厭逢迎執
珪守蕃國主器作元貞昔日書銀字久自恧
宗英斯忝佩金璽何由廣德聲居高常慮缺
持滿每憂盈茲言信非矯丹心良可明舟航
奉睿訓接引降皇情心燈朗暗室牢舟出愛
瀛是節高秋晚沉寥天氣清郊門光景麗祈
年雲霧生紅蘂聞青瑣紫露濕丹楹葉踈行

徑出泉溜遠山鳴綠衿依浦伐絳纇拂林征
庶蒙八解益方使六塵輕脫聞時可去非宏
捨重城

蒙預懺直疏詩 幷和五首 梁簡文

皇情矜幻俗聖德愍重昏制書開攝受絲綸
廣慧門時英漏君國法侶盛天園俱銷五道

縛共蕩四生怨三修袪愛馬六念靜心猿庭
深林彩艷地寂鳥聲喧上風吹法鼓垂鈴鳴
畫軒新梅含未發落桂聚還翻早煙藏石磴
寒潮浸水門一朝蒙善誘方願遺籠樊

梁武帝和

丞泉漏向盡金門光未成 云云

王筠應詔 并序

奉和皇太子懺悔詩仍上皇宸極　聖旨即
疏降同所用十韻私心慶躍得未曾有捃採
餘韻更題鄙拙

一聖智凡明帝德光四海荷負誠攸屬度脫
實斯在懺說濟蒙愚推心屏欺殆名僧引定
慧朝纓列元凱還迷依善導反心由真宰和
鈴混吹音勝幡榮雲彩早蒲欲抽葉新篁向
舒蕊翹懃諒懇到歸誠信兼倍睿艷似煙霞
攔于若珠琲善誘雖欲繼含毫愧文彩

講席將訖賦三十韻詩依次用·

梁昭明

流苑稱嘉柰茲園羨脩竹靈覺相招影神仙
共栖宿惠義比瑤瓊薰滌等蘭菊理玄方十
等功深似九築巫水鶩銀舟方衢列金軸微
言絕已久煩勞多累蓄因茲闡慧雲欲使心
康伏八水潤焦芽三明啓群目寶鐸且參差
名香晚吞郁暫捨六龍駕微祛二鼠感意樹

發空花心蓮吐輕馥喻斯滄海變譬彼菴羅
熟妙智方縟錦深辭同霧縠善學同梵瓜真
言具銅腹逶迤合蓋城嚴雞布金郁珠翠蔭
八溪玉流通九谷青禽乍下上雲鴈飛翻覆
高談屬時聽寡聞終自愬日麗鴛鴦瓦風度
蜘蛔屋落藹散香霏浮雲卷遙族曠濟同象

園中秉如竹獨後缺雖堅明初心易驚縮應
當蕤花水無令乖漆木投巖不足貴棘林安
可宿罟月希留影心灰庶方擭視愛同採蜂
遊善如原菽八邑仙人山四寶神龍澳藥樹
永繁絅禪枝詎凋擷以茲悅聞道庶此優馳
逐顧追露寶車脫屣親推轂

且出興業寺講詩　　梁簡文

沐芳肅朝帶駕言祇淨宮羽旗乘去影鏡吹
雜還風吳戈夏服箭驥馬綠沉弓水照柳初
碧烟含桃半紅由來六塵縛宿昔五纏朦見
鶴徙知謬察象理雖同方知惡四辯奚用語
三空

和劉尚書侍五明集詩　梁元帝

帝德洽區宇垂衣彰太平黄唐懃懋賓子姒恩嘉聲治家陳五禮功成奏六英汲引留宸鑒舟航勤睿情諸王唯一法無生信不生因因從此見果果自斯明元良仰副后合一震鴻名𪓟藏踰啓筮曽史冠春卿日宮佳氣滿

月殿善風清綺錢敞西觀緹幔卷南營金門練朝鼓玉壺休夜更宮槐留曉合城烏侵曙鳴露光枝上動霞影水中輕虛薄今何事徒知戀法城

昭明太子鍾山解講　闕　陸倕和

終南鄰漢闕高掌跨周京復此虧天嶺穹隆

距帝城當衢啓珠館臨下構山楹南望窮淮
溆北眺盡滄溟步簷時中宿飛階或上征網
户圖雲氣龕室畫仙靈副君憐世網廣命萃
人英道筵終後說鑾轡出郊坰雲峯響流吹
松野映風旌眷心嘉杜若神藻茂琳瓊多謝
先成敏空頌後乘榮

蕭子顯奉和

嵩岳基舊宇盤嶺跨南京叡心重禪室遊駕
陟層城金軺徐既動龍驂躍且鳴塗方後塵
合地迴前笳清邐迤因臺榭參差憩羽旌高
隨閣風極勢與元天并氣歇連松遠雲昇秋
野平徘徊臨井邑表裏見淮瀛衍果尊常住

渴慧在無生暫留石山軌欲知苦杜情鞠躬
荷嘉慶瞻道聞頌聲

劉孝綽和

御鶴翔伊水策馬出王田我后遊祇鷲比事
實光前翠蓋承朝景珠旗曳曉煙樓帳縈巖
谷緹組曜林阡況在登臨地復及秋風年喬

聚 廣弘明集卷三十 十九

柯變夏葉幽澗潔涼泉停鑾對寶座辯論悦
人天淹塵資海滴昭暗仰燈燃法朋一已散
笳劒儼將旋邂逅逢優渥託乘侶才賢摛辭
雖並命遺恨獨終篇

劉孝儀和

韶樂臨東序時駕出西園雖窮禮遊盛終為

塵俗喧豈如弘七覺揚鸞啓四門夜氣清簫
管曉陣爍郊原山風亂彩毦初景麗文轅林
開俞騎騁逶曲羽旄屯煙壁浮青翠石瀨響
飛奔迴情下亶閣降道訪真源談空足泉涌
綴藻邁絃繁輕生逢過誤並作輦龍鵷顧已
同偏爵何用挹衢樽

八關齋夜賦四城門更作四首　梁皇太子同作

庚集　吾

第一賦韻東城門病

伏枕憂危光痾纏生易折無因雪岸草息反

矶山宂　徐防

消渴腠腸府疼蹇嬰肢節如何促齡內憂苦

無暫欸 孔壽山

南城門老

虛蕉誠易犯危藤復將嚙一隨柯已徽當年

信長訣 諸葛㙅

已同白駒去復類紅花熱妍容一旦罷孤燈

行自設 君

西城門死

纔心雖殊用滅景寧優劣一隨業風盡終歸

虛妄設 王臺卿

五陰誠為假六趣寧有截零落竟同歸憂思

空相結 李鏡遠

北城門沙門

俗幻生影空憂繞心塵噎方茲排四纏去矣
求三涅　殿下
下学輩流心方從窮冥別已悲境相空復作
泡雲滅　中庶府君
弟二賦韻東城門病
空病誠易愈有病故難痊徒知餌五色終當
悲九泉　王壹卿
已無雲山草沉海竟誰憐復悲淪苦海何由
果淨天　諸葛嶇
南城門老
昔類紅蓮草自翫淥池邊今如白花樹還悲
明鏡前　殿下

壯心欲何在餘日乃西遷淸鐔不復樂蓬鬢
豈還妍 徐防

西城門死

高堂信逆旅懷業理常牽玉匣方委櫬金臺
不復延 中庶府君

挽聲隨逕遠蘿影帶松懸詎能留十念唯應
逐（驟）四緣 廣弘明集卷三十 君

（次一）

北城門沙門

經行林樹下求道志能堅旣有神通力振錫
遠乘煙 李鏡遠

一登四弘誓至道莫能先不貪曠劫壽無論
延促年 孔燾

第三東城門病

纏痾緬百年自傷無五福長縈晝篋蛇不值

仙人鹿 殿下

習滌迷畫瓶卧起求栖宿羅襦豈弃歡臨歧

方士木 中庶府君

南城門老

少年愛紈綺裹暑懃羅縠徒傷歲冉冉陳詩

非郁郁 王臺卿

鶴髮辭軒冕飴背烹葵菽松栢稍相依懽愛

時睦睦 李鏡遠

西城門死

追念平生時遨遊土苑圃一没松栢下春光

徒僬呈 孔燾

結根素因假枝葉緣骨肉自應螻蟻軀值此

風刀逐 諸葛虛

北城門沙門

俗繭厭纏絲因田抽善穀長披忍辱鎧去此

纖羅服 徐防

聚 廣弘明集卷三十 廿二

願引三塗衆俱令十使伏珠月猶沈首金鉀

未挑目 君

第四東城門病

紫紱未可得漳濱徒甬雍一逢犬馬病貞育

羅驅馳 李鏡遠

已無九轉術復闕萬金奇不看援彊掌唯夢

蓮花池　君

南城門老

盛年歌吹日顧步惜容儀一朝衰朽至星星

白髮垂　孔壽

已傷萬事盡復念九門枝垂軒意何在獨坐

鏡如斯　中庶府君

西城門死

一息於今罷平生詎可覩天長曉露促千齡

誰復知　殿下

華堂一相捨松帳杳難窺萬祀藏珠應千年

罷玉羇　徐防

北城門沙門

深心不可深正道亦難歆方除五欲累長辭
三雅危　王少卿
依空慮難靜習善路猶弘没身竟靡託單盃
詎待賢　諸葛嵦
正月八日燃燈詩　應令
藕樹交無極花雲衣數重織竹能爲象縛荻
一聚　廣弘明集卷三十　十三
巧成龍落灰然藥盛垂油湿畫峯天宮儻若
見燈王願可逢
簡文遊光宅寺詩　應令
陪遊入舊豐雲氣鬱青葱紫陌垂清柳輕槐
拂懸風八泉光綺樹四柱䙫臨空翠綱隨煙
碧卅花共日紅方欣大雲溥慈波流淨宮

梁簡文被幽述志詩

梁簡文於幽縶中援筆自序云

有梁正士蘭陵蕭綱立身行已終始若一風雨如晦雞鳴不已非欺暗室豈況三光數至於此命也如何

又爲連珠三首

一曰吾聞有古富而今貧可稱多而賑寡是以虔索數下獨有褢神松柏播南空餘白社

二曰吾聞言可覆也仁能育物是以欲輕其死有德必昌兵踐於義無思不服

三曰吾聞道行則五福俱泰運閉則六極所鍾是以麟出而悲豈唯孔子途窮則慟寧止

嗣宗

又爲詩曰

怳忽煙霞散颼颼松栢陰幽山白楊古野路黃壥深終無千月命安用九丹金闕里長無没蒼天空照心

十月弑於永福省年四十九崩崩時

太清五年也

宋謝靈運臨終詩一首

龔勝無遺生李業有窮盡嵇叟理既迫霍子命亦殞萋萋後霜納栢納衝風菌邂逅竟無時脩知非所愍恨我君子志不得巖上泯廷心正覺前斯痛久已忍唯願乘來生怨親同

心朕

臨終表　沉隱侯

臣約言臣抱疾彌留迄今即化形神欲離月已十數窮楚極毒無言以喻平日健時不言若此舉刀坐斂比此爲輕仰惟深入法門厲茲苦節内矜外恕寔本人情伏願聖心重加推屬微臣臨途無復遺恨雖慙也善庶等鳴哀謹啓

臨終詩　陳沙門釋智愷

千月本難滿三時理易傾石火無恒燄電光非久明遺文空滿笥徒然昧後生泉路方幽噎寒隴向淒清一隨朝露盡唯有夜松聲

入攝山栖霞寺一首 五言并序　陳江總

壬寅年十月十八日入攝山栖霞寺登崖極峭頗暢懷抱至德元年癸卯十月二十六日又再遊此寺布法師施菩薩戒甲辰年十月二十五日奉送　金像還山限以時勢不得恣情淹留乙巳年十一月十六日更獲禮拜仍停山中宿永夜留連棲神練聽但交臂不停覊指儀謝率製此篇以記即日俾後來賞者知余山志

靜心抱氷雪暮齒迫桑榆太息波川迅悲哉人世拘歲聿皆採穫冬晚具嚴枯濯流濟八水開襟入四衢茲山靈妙合當與天地俱石

瀨乍淺深崖煙遮有無欽碑横古蘚盤木卧
荒途行行備履歷步步轔歲紆高僧迹共遠
勝地心相符樵隱各有得丹青獨不渝寺猶有朗
詮二師居士明僧紹洽中蕭晰塑圖像遺風佇旁桂北德喩生
緺寄言長往客悽然傷鄙夫

至德二年十一月十二日升德施山

齋三宿決定罪福懺悔詩

四知無矯志二施啓幽心簡通避人物偃息
還山林曲澗停驂響交枝落幔陰池臺聚凍
雪欄牖噪歸禽石彩無新故峯形詎古今大
車何杳杳奔馬遂駸駸何以修六念處誠在
一音未泛慈舟遠徒令願海深

五言攝山栖霞寺山房夜坐簡徐祭酒
周尚書并同遊群彦
江令公
澡身事珠戒非是学金丹月礎時撗枕雪崖宿解鞍梵宇調心易禪庭數息難石潤水流静山窻葉去寒君恩北闕駕我惜東都冠翻愁夜鐘盡同志不盤恒

仰同令君攝山栖霞寺山房夜坐六韻
徐孝克
戒壇青石路靈相紫金峯影進歸依鴿飡迎守護龍晨朝宣寶偈寒夜斂疎鐘雞䦨静含握仁智獨從容五禪清慮表七覺蕩心卦願

言於此處攜手屢相逢

陳主同江僕射遊攝山栖霞寺

御製

時宰磻溪心非關狎竹林鷲岳青松繞雞峯白日沈天迴浮雲細山空明月深摧殘枯樹影零落古藤陰霜村夜馬去風路寒猿吟自悲堪出俗詎是欲抽簪

遊攝山栖霞寺 并序 江令公

禎明元年太歲丁未四月十九日癸亥入攝山展慧布法師憶謝靈運集還故山入石壁中尋曇隆道人有詩一首十一韻今此拙作仍学康樂之體

霢霂時雨霽清和孟夏肇栖宿綠野中登頓
丹霞抄敬仰高人德抗志塵物表三空豁已
悟萬有一何小始終情所寄冥期諒不少荷
衣步林泉麥氣涼昏曉乘風面泠泠俟月臨
皎皎煙崖憩古石雲路排征鳥披迳憐森沉
攀條惜杳裊平生忘是非朽謝豈矜矯五淨
自此涉七塵庶無擾

静臥栖霞寺房望徐祭酒
江令公
絕俗俗無侶修心心自齋連崖夕氣合虛宇
宿雲霾卧藤新接戶歃石久成階樹聲非有
意禽戲似忘懷故人市朝狎心期林壑乖唯

憐對苦杜可以為吾儕

仰和令君　徐祭酒 孝克

上宰明四空迴車八道中洞涼容姿氣嚴光
對月宮香來詎經火花散不隨風澗松無異
眙禪枝兩分叢虛薄誠為累何因偶會同暫
此乖山北猶可向牆東

禎明二年仲冬攝山栖霞寺布法師
只公詩終余以此月十七日宿音入
山仰為師氏營涅槃藏還途有此作
可否同一貫生死亦一條況斯滅盡者豈是
俗中要人道雖群愴冥期出世遙留連入澗
曲宿音步巖擬石溜氷便斷松霜日自銷向

崖雲黲黮出谷霧飄颻勿言無大隱歸來即
市朝
庚寅年二月十二日遊虎丘山精舍
江令公
縱棹憐迴曲尋山靜見聞每從芳杜性須與
俗人分貝塔涵流動花臺偏領芬蒙籠出簷

桂散漫繞牕雲情幽豈徇物志遠易驚群何
由狎魚鳥不顧屈玄纁
江令公集云盧山遠法師未出家善
弩射常於鶴窟射得鶴鶵後復伺鶴
母見將射之鶴不動翔翻之巳死於
窠中疑其愛子致死破視心腸皆寸

絶法師於是放弩發菩提心
宋初有法瓊尼南方人不知因緣所出辟穀
食棗栗不著綿帛戒德甚尊嚴禅定多所感
通會稽恭子張使君莅廣州便供養之隨使
君還吴又隨出入尼自剋亡日捨命後勿棺
斂但以乞烏烏至破崗如期而終使君依旨
送林野間停再七日七夕烏獸不敢侵乃収
殯焉亡祖親使君之第四女也就瓊尼受戒
勑余記録之

陳江令往虎窟山寺詩

塵中喧慮積物外衆情捐茲地信爽塏墟壟
曖阡綿藹藹車徒邁飄飄旌旆懸細松斜繞

逕峻嶺半藏天古樹無枝葉荒郊多野煙分
花出黄鳥挂石下新泉蓊鬱均雙樹清虛類
八禪栖神紫臺上從意白雲邊徒然嗟小藥
何由齊大年

治中王固奉和

美境多勝迹道場實茲地造化本靈奇人功

兼製置房廊相映屬塔閣並殊異高明留睿
賞清淨穆神思豫遊窮嶺歷藉此芳春至野
花奪人眼山鶯紛可喜風景共鮮華水石相
輝媚像法無塵染真僧絕名利陪遊既伏心
聞道方刻意

記室參軍陸罩奉和

雞鳴動蹕駕柰苑曉晨遊朱鏕陵九逵青蓋出層樓歲華滿芳岫虹彩被春渊蘋吹臨風遠旌羽映九浮喬枝隱脩途曲澗聚輕流徘徊花草合劉亮鳥聲遒金盤響清梵涌塔應鳴樓慧雲方靡靡法水正悠悠實歸徒荷教信解愧難訓

前臣刑獄參軍孔壽

聖情想區外脂駕出西南前驅聞鳳管後乘躍龍驂爰遊非逸豫幽谷有靈龕兼覩息心者宴坐臨清潭禪食寧須稼雲衣不待蠶蘋荇緑澗壑蘿蔦蔓松摘鶯林響初囀春畦藥欲含感心隨教遣法味與恩覃庶憑八解力

永滅六塵貪

州民前吏刑獄參軍王臺卿

我王宗勝道駕言從所之輜軒轉朱轂驪馬躍青絲清渠影高蓋遊樹拂行旗寶徙紛雜沓景物共依遲飛梁通澗道架宇接山基叢花臨迴砌分流繞曲墀誰言非勝境雲山獨在茲塵情良易著道性故難緇承恩奉教義方嘗弘受持

從駕虎窟山寺

西曹書佐鮑至

神心睠物序訪道絕塵囂林疎蓋影出風去管聲遥息徙依勝境税駕止山椒年還節已

仲野綠氣方韶短葉生喬樹疎花發早條遠
峯帶雲沒流煙雜雨飄復茲承乏者須名廁
未潦願藉連河澗庶影懸燈照一知衣內寶
方懃茲地逮

陳從事何處士春日從將軍遊山寺

蘭庭厭俗賞柰苑矚年華始入香山路仍逢
火宅車慈門數片葉道樹一林花雖悟危藤
鼠、終悲在篋蛇

別才法師於湘還郢北三首

秉杯事將遠捧袂忽無聊南楚長沙狹西浮
郢路遥離亭花已散別戍馬新驕明日分千
里相思非一條

敬詶解法師所贈

道林俗之表慧遠盧之阿買山即高世乘杯且渡河法雨時時落香雲片片多若為將羽化來濟在塵羅

通士人篇

龍宮既入道鳳闕且辭榮禪龕八想淨義窟四塵輕香蓋法雲起花燈慧火明自然忘有著非止悟無生

聚 廣弘明集卷三十 瓜一

陳沈炯從遊天中天寺

應令

福界新開草名僧共八下延揚枝生拱樹錫杖咒飛泉石座應朝講山龕擬夜禪當非舍衞

國賣地取金錢
同庚中庶肩吾周處士弘讓遊明慶
寺
鷲嶺三層塔菴園一講堂馴烏逐飯磬狎獸
繞禪床摘菊山無酒燃松夜有香幸得同高
勝於此瑩心王

從駕經大慈照寺詩序

北齊盧思道

皇帝以上叡統天大明御極彈壓九代驅駕
百王至德上通深仁下漏威稜西被聲敎東
漸布政合宮考儀太室張樂洞野會計苗山
天不愛寶神靡遺既鱗羽郊異山澤薦祉卒

啓率從幽顯咸扶八政惟序六府告平猶且棲志窅冥凝神空寂俯拯區域顧遺形有救精民於苦器拯欲界於危城身心澄淨樂之境生靈仰調御之力中宮厚德載物正位儷天道冠邵陵業踰藝媲慧雲朝起四生佇其寸谷慈燈夜爇九服照其餘光乃睠參墟實

唯唐舊山川周衞襟帶巖垧東郊勝地爰攝寶坊儼若化成瞬如踊出既而景躔西陸氣中南呂商飈振野白露咸寒聖主御辯巡方須時育物六龍進駕主聖齊軫翠旗揚旆雕玉徐輪問百年而拜輦朝萬靈以按節熊渠佽飛之輩入參中壘虎殿金門之侶迴望屬

車擠届下都邐茲淨域兼悦鷲山之觀共喜
龍宮之遊接足栖心俱展誠敬課虛引寂仍
發詠歌雖事比擊轅義同叩角亦以雍容盛
烈述讚休美豈若皋朔文辭甫陳男祝王谷
蟲篆纔譬女工作者二十六人其詞云尒
玄風冠東户内範軼西陵大川開寶匣福地
下金繩繡栭高可映畫拱疊相承日馭非難
假雲師本易憑陽室疑停燧陰軒類鑿氷迴
題飛星没長楣宿露凝旋門摺光轉輦道夕
雲烝山祇効靈物水若覆休徵薄命叨恩紀
微軀竊自陵優游徒可恃周賁永難勝

五言詩　周沙門釋亡名

生苦

可患身為患生涓憂共生心神恒獨苦寵辱
横相驚朝光非久照夜燭幾時明終成一聚
土強覓千年名

老苦

少時怡日益老至苦年侵紅顏旣罷豔白髮

聚 廣弘明集卷三十 爪三

寧久吟階庭唯仰杖朝府不勝簪冃肥與妏
麗徒有壯時心

病苦

拔劍平四海横戈卻萬夫一朝牀枕上迴轉
仰人扶壯色隨肌減呻吟與痛俱綺羅雖滿
目愁眉獨向隅

死苦

可惜淩雲氣忽隨朝露終長辭白日下獨入黃泉中池臺既已没墳隴向應空唯當松栢裏千年恒動風

愛離

誰忍心中愛分為别後思幾時相握手嗚噎不能辭雖言萬里隔猶有望還期如何九泉下更無相見時

五盛陰附

先去非長别後來非久親新墳將舊冢相次似魚鱗茂陵誰辨漢驪山詎識秦千年與昨日一種併成塵定知今世土還是昔時人考

能取他骨復持埋我身

遊明慶寺詩　陳姚察過見蕭祭酒書明慶寺禪房詩覽之愴然懷此寺仍用蕭韻述懷

地靈居五淨山幽寂四禪月宮臨鏡石花讚繞峯運霞暉閒旛影雲氣合爐煙迴松高偃蓋水瀑細分泉含風萬籟響裛露百花鮮宿

昔尋真趣結友亟留連山庭出蘿靡澗沚濯潺湲因斯事熏習便得息攀緣何言遂雲雨懷此悵悠然徒有南登望會遂東流旋

詠懷詩　陳張君祖

運形不標異澄懷恬無欲座可栖王侯門可迴金轂風來詠逾清鱗萃淵不濁斯乃玄中

子所以矯逸足何必翫幽閑青衿表雜俗百
齡苟未遐昨辰亦非促巇騰望歸映曩今迭
相獨一世皆逆旅安悼電往速區區雖非黨
彙忘混礫玉恬神罔叢穢要在夷心曲
靈飆起回浪飛雲騰逆鱗苟擢南陽秀固集
三造賓緬懷結寂夜味藻詠終晨延佇時無
遘誰與拂流塵眇情寄拯斯蕭條獨邀神相
忘東溟裏何肺西瀾津我崇道無廢長謠想
義人
遙遯播剃衡杖策憩南郢遭動委浪迹遏靖
恬夷性揖卷從老諮揮綸與莊詠遐眺獨緬
想蕭神飆塵正時無喜慧偶絕韻將誰聽習

子茂芳標有欣微音令穎數陵霜倩葩熙三春盛拂融朗霄翔豈與桑榆競我混不材姿遺情忘彫映雖非嶧陽椅聊以翮洄磬

贈沙門竺法頵三首

沙門竺法頵遠還西山作詩以贈因亦嘲之省其二經聊為之讚

鬱鬱華陽岳絕雲抗飛峯峭壁溜靈泉秀嶺森青松懸巖廊崢嶸幽谷正寥籠丹崖栖奇逸碧室禪六通泊寂清神氣綿眇矯妙蹤上觀著無無還淨滯空空外物豈大悲獨往非玄同不見舍利弗受屈維摩公

至人如影響靈懸陶億刹應方恢擢化兆類

蒙慈恍冥冥積塵寐永在巖底閉廢聰無通
照遺形不洞滅明哉如來降豁矣啓潛宂幽
精淪朽壞孰若阿維察遙謝睎玄疇何為自
矜潔
邈邈慶城標峨峨浮雲嶺峻蓋十二嶽獨秀
閻浮境卅流環方基瑤臺臨峭頂澗滋耳泉
液崖蔚芳芝穎翹翹羨液化倫眇眇陵巖正肅
拱望妙覺呼吸睎齡永苟能虛沖心所憩靡
不靜萬物可逍遙何必栖形影勉尋大乘軌
練神超勇猛

道樹經讚

峨峨王舍國鬱鬱雲竹園中有神化長空觀

體善權私呵睎光景豈識眞迹端恢恢道明
玄解發至神懼飄忽淩虛起無云受慧難

三昧經讚

迹起十二燒戒由三昧成賢行極妙住道志
慧以明九本旣殊動四禪不同冥淵哉不起
滅始自無從生倍悶道氣倫安測泥洹靈

詩序

省贈法顧詩經通妙遠亹亹清綺雖去言不
盡意殆亦幾矣夫詩者志之所之意迹之所
寄也忘妙玄解神無不暢夫未能冥達玄通
者悪得不有仰鑽之詠哉吾想茂德之形容
雖栖守殊塗標寄玄同仰代答之未足盡美

亦各言其志也其辭曰

庚僧淵答詩

真朴運既判萬象森已形精靈感冥會變化
靡不經波浪生死徒彌綸始無名捨本而逐
末悔吝生有情胡不絕可欲反宗歸無生達
觀均有無蟬蛻豁朗明逍遙眾妙津栖凝於
玄冥大慈順變通化育曷常停幽閑自有所
豈與菩薩并摩詰風微指權道多所成悠悠
滿天下孰識秋露情

張君祖

茫茫混成始豁矣四天朗三辰環須彌百億
同一像靈和陶氤氳會之有妙長大慈濟群

生冥感如影響蔚蔚沙彌衆粲粲萬心仰誰
不欣大乘兆定於玄曇三法雖成林居士亦
有儻不見虬與龍灑鱗凌霄上沖心超遠寄
浪懷逸獨往衆妙常所晞維摩余所賞苟未
體善權與子同鬅髩悠悠誠滿域所遺在廢
想．

庚僧淵答

遥望平陽嶺紫霄籠三辰瓊巖朗璧室玉潤
灑靈津丹谷挺樛樹季穎奮暉蓊融飆衝天
籟逸響互相因鸞鳳翔迴儀虬龍灑飛鱗中
有沖漠士耽道玩妙均高尚凝玄寂萬物息
自賓栖峙遊方外超世絶風塵翹想晞眇蹤
矯步尋若人咏嘯舍之去榮麗何足珍濯志

八解淵遼朗豁冥神研幾通微妙還覺忽忘身居士庶有黨顧眄非疇親借問守常徒何以知反真

謁方山靈巖寺詩

隋煬帝

梵宮既隱隱靈岫亦沉沉平郊送晚日高峯落遠陰迴幡飛曙嶺疎鐘響晝林蟬鳴秋氣近泉吐石溪深抗迹禪枝地發念菩提心

奉和方山靈巖寺應教

諸葛潁

名山鎮江海梵宇駕風煙晝拱臨松蓋鑿牖對峯蓮雷出階基下雲歸梁棟前靈光辨晝

夜輕衣數劫年一陪香作食長用福為田

隋煬帝正月十五日於通衢建燈夜

升南樓一首

法輪天上轉梵聲天上來燈樹千光照花燄

七枝開月影凝流水春風含夜梅旛動黃金

地鐘發琉璃臺

聚 廣弘明集卷三十

弍八

奉和通衢建燈應教

諸葛穎

芳衢澄夜景法炬爛參差逐輪時徙燄桃花

生落枝飛煙繞定室浮光映瑤池重閣登臨

罷歌管乘空移

隋煬帝捨舟登陸示慧日道場玉清

玄壇德象一首

天淨宿雲卷日舉長川且飏灑林花落逶迤風柳散孤鶴逈追群啼鶯遠相喚運舟水處盡盡輪途始半江涯各自遥東西並興歎已熏禪慧力復藉金丹捍有異三川遊曾非四門觀於焉履妙道超然登彼岸

隋著作王胄卧疾閩越述淨名意

余卧疾閩海彌留旬朔善友顯法師勸余以淨名妙典調伏身心力疾粗陳其意敬簡法師云尒

容行萬餘里眇然滄海上五嶺常炎鬱百越多山瘴彙以勞形神遂此嬰疲恙桐雷邈已

遠砍石良難訪抱影私自怜霑襟獨惆悵眺
城有長者生平夙所尚復藉大因緣勉以深
廻向心路資調伏於焉念實相水沫本難摩
乾城空有詭是生非至理是我皆虛妄求之
不可得誰其受業障信矣大醫王茲力誠無
量.

聚　廣弘明集卷三十　爪九

薛道衡展敬上鳳林寺詩
淨土連幽谷寶塔對危峯林栖丹穴鳳地迩
白沙龍獨巖樓迥出複道閣相重洞開朝霧
斂石濕曉雲濃高篠低雲蓋風枝響和鍾簷
陰翻細柳澗影落長松珠桂浮明月蓮座吐
芙蓉隱淪徒有意心迹未相從

梁開善寺藏法師奉和武帝三教詩

一首

心源本無二学理共歸真四執迷叢藥六味

增苦辛資緣良雜品習性不同循至覺隨物

化一道開異津大士流權濟訓義乃星陳周

孔尚忠孝立行肇君親老氏貴裁欲存生由

外身出言千里善芬為窮世珍坦空非即有

三明似未臻近識封歧路分鑣疑異塵安知

悟云漸究極本同倫我皇體斯會妙鑒出機

神眷言揔歸轡迴照引生民顧惟慙宿殖邂

逅逢嘉辰願陪入明解歲暮有攸因

太宗文皇帝謁并州興國寺二首

迴鑾遊福地極目翫芳晨梵鐘交二響法日
轉雙輪寶刹遙承露天花近足春未珮蘭猶
小無絲柳尚新圓光低月殿碎影亂風筠對
此留餘想超然離俗塵

文帝詠佛殿前幡

拂霞疑電落騰虛狀寫虹屈伸煙霧裏低舉

白雲中紛披乍依迴掣曳或隨風念茲輕薄
質無翅強搖空

帝謁大慈恩寺一首 并和

唐今上

日宮開萬仞月殿聳千尋花蓋飛團影幡虹
曳曲陰綺霞遙籠帳叢珠細網林寥廓煙雲

表超然物外心

大慈恩寺沙門和

皇風扇祇樹至德茂禪林仙花曜日彩神幡曳遠陰綺殿籠霞影飛閣出雲心細草希慈澤恩光重更深

常州弘善寺宣法師奉和竇使君同

恭法師詠高僧二首

竺佛圖澄

大誓憫塗炭乘機入生死中州法既弘葛陂暴亦止乳孔光一室掌鏡徹千里道盛咒蓮花災生吟棘子埋石緣雖謝流沙化方始

釋僧肇

般若唯絶鑒涅槃固無名先賢未始覺之子
唱希聲秦王嗟理詣童壽揖詞清徽音聞廬
岳精難動中京適驗方袍裏奇才復挺生
宣法師秋日遊東山寺尋殊曇二法師
木落樹蕭摻水清流寥寂属此悲哉氣復茲
霽稍感奚用寫煩憂山泉恣遊歷萬丈窺深

澗千尋仰絶壁滂嶺竹參差緣崖蔚曇疊行
行極幽邃去去逾空寂果値息心侶喬枝方
挂錫園蔬悉擁擅純良豈沙礫妙法誠無比
深經解怨敵心歡即頂禮道存仍目擊懸刀
幸已逢疑網於焉析豈直祛煩惱方期拯沈
溺

廣弘明集卷第三十　聚十
支遁下徒困反郎園上音庇綽昌約反炯俱茗反隋煬下余
向反愷口改反沃洲上烏篤反鐈掌上居小反舉也葩普麻反花也
傾柯下音哥枝丨也恬怕上徒添反下疋陌反流渟下音亭止水也重
藹下於蓋反伶倫上音靈丨渙色上音喚道泯下音民蔚然
上烏勿反巇許宜反凱風上口改反南風也無疆下音薑夕惕
他的反懼也丨恬愉上徒添反下羊朱反沖𨻳上直弓反下勛隔反丨丨去微
也亹亹音尾丨丨美皃勵心上音例皐牢上竹孝反下音勞揻
則郎反善也掇丁劣反拾丨也驚飆下必苗反囧俱永反明也霑濡下而
朱反擢拖上直孝反丨檝也下徒可反正船木也滄浪下音郎驃
騎上毘妙反下去聲援筆上音園引也無揵下音件闌丨也鳴
獝下禽字踟躕馳廚二音嵎音愚邊丨也愔於今反林篠下先

乌反細竹也隙牖上丘逆反孔丨也崎嶇上丘宜反下丘俱反岥普何
反山丨也怳惚上兄往反下音忽傲兀上吾告反下吾骨反思劬上去
聲下音衢綜子送反哈呼衰反笑也蔚蘙畏蘙二音茂盛也祖在姑
反悵快上丑向反下於向反睎陽上音希巖碏下正作皆管瀨
下音賴正作籟丨笛也岧岧音條正作迢隗隗正作危五每反丨丨石皃
囧囧俱永反敞昌兩反縹瞥上疋小反下普滅反丨丨暫見皃也有
醴下音禮睖睖音夌惔怕上徒敢反下疋陌反易頴下以領反陵
騁下丑領反冉冉音染崑崿下吾各反山丨頡頏上胡結反下何朗反
椅音倚戢翼上阻澁支鬉角上音惣童子鬐也濠川上音毫膏
腴下音俞丨丨肥也婉孌上紆阮反下呂轉反丨丨美好也恢心上苦
回反大也亹音尾美也緝七入反庖子上步交反甸絅上音殿衡
扼下音厄車上音壓牛領曲木也雲岑下助琴反丨丨山小而高也棘息勇

反英邑下音節壑呼各反攢自宮反聚也蔚奮上烏勿反下古

外反丨丨草木茂盛也峥嶸上助耕反下惠萠反山嶮峭也蹊路上音号

摹莫胡反絹綟上直流反下密幽反蜩音條蟬也纍危上力追反對

必苗反沂濵上魚依反水名振褐下胡葛反上衣也尺蠖下烏郭反

亦云步屈蟲蕭洒下所買反閑静也陶鈞上音桃下俱旬反蘇也窯師旋

轉作器者闚傾弥反視也覿音笛見也一揆下永祭反理也額影上徒

回反泯米忍反嘆也慨苦愛反減也波崙下力昆反薩埵波崙此云常啼

此菩薩求般若也憤發上房粉反闘昆益反閑也大壑呼各反丨丨海

也摹莫胡反淹奔字同玉墀下音遅塔丨皓毳上胡道反下昌

歲反涵音含擩警上音訖擊丨以警衣也曼響上音反驩宴上歡

字北龔下力勇反丘丨東瀛下音盈海也舉袂下弥祭反衣袖也

文驪下音雒肱肱普沒反曰且也又芳尾反函渝上音含下音俞丨變

也
儕 宜作儕儕子兮反登也儕助皆反朋丨也又非聲韻
鉛黛 上音緣粉也下音代青丨
纓簪 上一盈反下阻參反
苒若 上音染下汝者反草盛皃也
邃 私遂反
睿后 上羊歲反聖也明也
國祚 下才故反
邸國 上音底
桂橑 下音老簷前木也
蘭墀 下音遲塔丨也
闢 昆益反開也
虛擔 下簷字同
長嶼 下音序海中小山也
滾 音亦津丨
喬石 上巨嬌反高也
弱冠 下音貫年二十
鏤 音陋刻也
金版 下音板
藹 烏改反清陰皃
璫 音當玉丨
石磴 下都鄧反
睿鏡 上羊歲反智也明也
鶵 助朱反鳥子也
櫨出 上音盧柱頭枓也
插鳳 上楚夾反
搦翰 上尼革反丨丨握筆書翰也
彫桷 下音角椽也
遊蜺 下魚溪反
翔鵾 上音祥飛丨也下音昆丨鳥也
迢遰 音條
澆淳 上古堯反丨薄也淳厚也
箕潁 上居其反下以領反
肥遁 上房非反下徒困反丨丨嘉隱也
恧 尼六反慙丨也
金璽 下斯紫反印也
矯 居小反詐也
泬寥 上音血
青瑣 下蘇果反丨丨天子門以鏤銅

飾之絳顙下蘇朗反君圁下音古祛丘居反散也石隥下都鄧反
据揉上居運反拾也欺殆不音待言不实也亦歎也元凱下苦攺反箎
音待筝也珠琲下薄罪反貫珠也芬郁下於六反香也霧轂下胡谷反
羅|也梵凡下之巧反合利弗舅遙迤下鳥爲反下音移葳蕤上音
威下而誰反草木盛皃也金郁下於六反正作楠蜘蠋知株二音蔿云委
反花也方樸下足木反石菽下音叔龍澳下於六反彫搣下子
六反正作纖縮也推轂上士回反下音谷車|也鐃吹上尼交反|欽也下
尺瑞反螺|也驥馬上居異反懋實上莫候反沂姒下音似婦也啓
筮下音巫淮淑懷序二音淮水名淑浦也眺他弔反望也萃人上才
遂反集也鑾鑣鑾祕二音||車馬也郊埛下俱螢反郢外也龍驂
下七合反駕倩馬也邐迤上呂介反下與介反憩丘例反上也閬風上音
浪緹組提祖二音喬柯下音歌||高枝也邂逅上胡界反下音候|

摛辭上丑知反舒也奮也彩毦下而志反犛毦也騎騁上去聲下丑領
反羽旄下音毛綴知衞反龍鵷下音寃腠腸上七奏反皮肉
也疼蹇上徒冬反下居展反嚙五巧反舊作吾結反孔纛下音盜葛
嵦下口改反正作塏沉痗下音昧病也挽聲上音晚丨歌羅襦
下而朱反短襖子也鮐背上音胎鮐魚名烹葵菽上普耕反中具惟反下音
叔睦音目苑囿下音右儵昱上音叔下余六反金錍下必支反

賁育上音奔下余六反玉羈下居宜反敧丘奇反貲子斯反計也
縛荻下徒的反蘆丨曖音愛暟知也幽縶下知立反縶也賑寡上軫
震二音颼飀搜留二音高風也軾音試殞羽敏反丨亡菌巨殞反蕈
菜滿笥下相寺反篋丨峭七笑反採穫下胡郭反刈丨也遞音第
更丨也轔音隣車聲嵗紆上烏乖反下委于反路不平也曲磵下澗字同
停騶下側愁反幰許偃反車蓋也噪蘇到反烏聲也駸駸音侵馬行疾也

群彥下魚箭反英丨月磴下都鄧反磻溪上音盤霡霂麥木二音
丨丨細雨也雨霽下子計反晴丨杪免小反丨末也杳裊上煙曉反下乃
鳥反矜矯上居陵反自大也或作也下居小反誕矜驕雲霾下莫皆反風而
雨土也敧石上丘奇反吾儕下助皆反朋丨也聒古活反喧耳也群
愴下楚詠反巖椒下子消反石溜下力救反縱捭上子用反下直孝反
舩蒿也涵音合擔挂上簷字徇物上詞閏反玄纁下兄云反玄黑
也纁紅也丨丨婚禮所用之繒絲鶴鶵下助俱反會稽上古外反下音鷄
莅音利臨丨揞斂下力焰反正作殮爽塏下口改反高明也墟壟
上丘居反下力勇反旍毦上音精丨旌旗也下而志反旗纛也蓊鬱上烏孔反
一音翁丨丨樹木蘩茂也王囧下俱永反陸阜下竹孝反騂駕上私遂反
朱鑣下必苗反馬也義同前葆吹上音保下去聲羽葆鼓吹之飾也聚鳥羽
為之今旗纛之類是也瀏淲留詠二音皆非本字遒自由反鳴桴下音

浮敲摣也 龍驂 下七含反同前 覿 音笛見也 蘋荇 頻杏二音並水菜名 蕚
正作傍蒲謗反 松楠 下音南 春眭 下音嶲花徑也 覃 徒南反|及也 輜
軒 上側思反室車也 曲墀 下音遅揩| 郢 以領反 戍馬 上詩注反
兵|也 沉炯 上音審下兄永反 馴鳥 上音旬善也 威稜 下郎登反
遺貺 上去聲下音況||僧揚也 祉 音馳福| 窅寘 上煙曉反 儷天
上音麗 嫛妙 翦似音 巖坰 下俱瑩反|野 景躔 下直連反||日行

度也 商飇 下必苗反秋風曰|| 揭旆 下蒲蓋反旗| 佽飛 上音次漢
武臣名 篆 直轉反|書 軼 徒結反過也一音逸 繡栭 下音而梁上枓也
停燧 下音遂火也 賚 郎代反 忻 許斤反 簪 側琴反 肌減 上音
飢 墳壠 下呂勇反丘| 驪山 上音離秦始皇葬處 水瀑 下蒲報反|布
萬籟 下音賴風聲吹萬木如|也 裛露 上音邑香|也 亟留 上丘記反
數也又紀力反 蘿靡 上息委反草弱皃也 澗沚 下音止小水也 潺湲 上助

碩反下音炱丨丨水流皃也澂懷上澄字鱗萃下才遂反丨丨如魚集也
迭徒結反更丨擢音濁拔也遙遯下徒困反亦作遁隱也愬丘例反丨
息也逶鳥為反摛卷上芳武反拍也眺他弔反望也霜倩下千見反
苑普麻反花也嶧陽上音亦地名猗於宜反梧桐也翮閑鬲反法
頵下居倫反崢嶸上助耕反下惠萠反嘐籠上皆寮泊寂上足陌反
玄疇下直流反仰鑽下子官反蟬蛻下音稅脫殼也烟熅上音因下
紆云反虯渠幽反丨似龍無角挺他頂反丨出也樛樹上居幽反才下垂也
栖峙上音西下直里反颸灑上蘇合反下所馬反逶迤上烏為反下音
移江滻下音產水名丹扜下音汙疲恙下余向反疾也砭石
上彼驗反古以石為針療疾也複道上音福重也葛陂下音碑水名徽
音上音暉美也櫹槮蕭參二音羃歷覓曆二音

廣弘明集卷第三十　　聚十

黎　廣弘明集卷三十　四十六

山城國綴喜郡薪村
靈瑞山酬恩庵沙門宗桂書寫之